Burkhard Hose

AUFSTEHEN FÜR EIN NEUES WIR!

adeo

Inhalt

Denk an den Andern

Wenn du dein Frühstück bereitest, denk an den Andern
und vergiss nicht das Futter der Tauben.
Wenn du in deine Kriege ziehst, denk an den Andern
und vergiss nicht jene, die Frieden fordern.
Wenn du deine Wasserrechnung begleichst,
denk an die Andern,
die ihr Wasser aus den Wolken saugen müssen.
Wenn du zu deinem Hause zurückkehrst,
deinem Hause, denk an den Andern
und vergiss nicht das Volk in den Zelten.
Wenn du schlafen willst und die Sterne zählst,
denk an den Andern,
der hat keinen Raum zum Schlafen.
Wenn du dich mit Wortspielen befreist, denk an den Andern
und denk an jene, die die Freiheit der Rede verloren.
Wenn du an die Anderen in der Ferne denkst, denke an dich,
und sage: wäre ich doch eine Kerze im Dunkeln.

Mahmud Darwisch, Übersetzung von Hakam Abdel-Hadi

PROLOG

Da stand sie in der Mitte des Saales am Mikrofon. Hätte sie geahnt, dass einige Monate später die Kanzlerin beinahe die gleichen Worte wählen würde, wäre die ältere Dame bei der Bürgerversammlung vielleicht mit etwas mehr Selbstbewusstsein ans Mikrofon getreten. Vermutlich wäre sie aber gar nicht erst aufgestanden, wenn ihr klar gewesen wäre, welche Bedeutung ihre wenigen Worte für mich bekommen sollten. Sie wäre auf ihrem Platz sitzen geblieben, denn sie wollte nichts Bedeutendes sagen. So viel „Gescheites", wie sie es ausdrückte, war doch schon gesprochen worden.

Vorher war es hoch hergegangen bei der Bürgerversammlung. Streitpunkt war die geplante Eröffnung einer dezentralen Unterkunft in einem ehemaligen Hotel am Marktplatz der Kleinstadt. Gegner der Unterkunft und Befürworter hatten sich gegenseitig zuvor bis ins Detail mit Sachargumenten überhäuft. Gesetzlich vorgegebene Mindestquadratmeter für die Unterbringung von Asylsuchenden und Bauabstandsverordnungen wurden bemüht, um zu belegen, dass das Gebäude für die Unterbringung von Geflüchteten geeignet oder eben völlig ungeeignet sei. Die einen sahen in der zentralen Lage am Marktplatz eine Gefahr für den Tourismus, die anderen entdeckten genau in demselben Standort so etwas wie eine Garantie für gelingende Integration. Keine der beiden Seiten schien sich zu bewegen oder gar überzeugen zu lassen. Dazwischen saßen einige Unentschlossene, die das Ganze eher wie ein Schauspiel betrachteten – und ich.

Mit einer Bekannten aus dem Würzburger Flüchtlingsrat war ich zu der Veranstaltung gefahren, um Argumente zu der Diskussion beisteuern zu können. Aber ich erlebte mich seltsam stumm an dem Abend. Vielleicht lag es an der Tatsache, dass ich mich gerade in meiner Heimatstadt befand. Oder es war dieses eigenartig lähmende Gefühl, das mich in den letzten Monaten immer mal wieder verstummen lässt – und zwar in den Momenten, in denen ich mutlos werde, weil sich Menschen gegenseitig irgendwelche Fakten an den Kopf werfen und ich spüre: Eigentlich geht es um etwas anderes. Auch an diesem Abend im Feuerwehrhaus schien alles unglaublich kompliziert. Nichts bewegte sich.

Und dann trat die ältere Dame ans Saalmikrofon: „Meine Mama hat mir früher mal erzählt, dass in dem Haus schon oft Flüchtlinge gewohnt haben. Das wäre jetzt nicht das erste Mal für das Haus. Leute, wenn das Haus das schafft, dann schaffen wir das auch!"

Das erste Mal an diesem Abend hatte ich das Gefühl, dass sich in dem Saal etwas rührte. Ohne sich an Argumenten und dahinterliegenden Vorurteilen abzuarbeiten, war die Frau aufgestanden und sprach von einem „Wir". Und mit diesem „Wir" meinte sie tatsächlich alle.

Weit vor Angela Merkel hatte sie diesen fast magisch wirkenden Satz ausgesprochen: „Wir schaffen das!"

Der Satz schwebte ungeschützt im Raum ohne Netz und doppelten Boden. Das einzige Argument, das die Frau mitgeliefert hatte, klang noch magischer: „Das Haus schafft das!" Ihre Worte landeten in mir und berührten mich.

Es sollte nicht das letzte Mal sein, dass ich Tränen in den Augen hatte in diesen Monaten. Solche Momente bewegen mich seither immer wieder dazu, mich zu engagieren.

Von einigen dieser Begebenheiten will ich erzählen. Mir ist bewusst geworden, dass sich für mich in Begegnungen und konkreten Erlebnissen manchmal viel mehr ereignet als in den häufig so festgefahrenen kontroversen Diskussionen. Diese Erfahrungen sind für mich inzwischen auch der Schlüssel zu der Frage geworden, ob und wie wir es schaffen, mit Menschen zusammenzuleben, die bei uns Zuflucht suchen. Natürlich berichte ich hier nur von meinen ganz persönlichen und subjektiven Erlebnissen und von mancher Erkenntnis, die diese Erlebnisse in mir hinterlassen haben.

Diese Situationen und meine Deutungen geben nur einen Bruchteil dessen wieder, was viele Menschen in den vergangenen Monaten erlebt haben. Es finden sich keine allgemeingültigen Antworten auf komplexe Fragen. Meine Sichtweisen bleiben unvollständig und sind darauf angewiesen, von vielen anderen ergänzt zu werden. Im besten Fall sind sie für andere ein Anreiz, den eigenen Erfahrungen mehr zuzutrauen als der ewigen Wiederholung von Positionen zwischen verhärteten gesellschaftlichen Lagern. Vielleicht verhelfen die Überlegungen auch dazu, nüchterne Fakten und Argumentationsketten, die in ihrer Logik unabänderlich zu sein scheinen, für einen Moment zu unterbrechen und ihnen eigene konkrete Erlebnisse, Gesichter und Geschichten an die Seite zu stellen.

Als Theologe möchte ich diese Momente sogar als „heilig" bezeichnen, weil sie für mich nicht produziert, nicht herbeigeführt oder berechenbar gewesen sind, sondern unverfügbar und geschenkt. Diese Augenblicke ereigneten sich aber nicht in herkömmlichen „heiligen Räumen", sondern in Notunterkünften, Zelten und Hallen, bei Bürgerversammlungen, bei mir zu Hause in der Küche oder auf der Straße. Immer waren und sind es Situationen voller Menschlichkeit.

Ich habe in den letzten Monaten erlebt, dass ich von manchen als weltfremder „Träumer" ohne Realitätssinn bezeichnet wurde. Wer hat eigentlich angefangen zu behaupten, subjektive Erfahrungen, Verheißungen und Visionen seien weltfremd? Es gibt nichts Realeres als das, was ich erlebt habe. Es ist an der Zeit, in der öffentlichen Debatte neben den Sachargumenten Erfahrungen zur Sprache zu bringen und diesen Erfahrungen zuzutrauen, dass sie neue Perspektiven in verhärtete Auseinandersetzungen einbringen können.

Ich zehre von diesen Erlebnissen – und mit mir viele, die sich seit Monaten zuverlässig und gegen manche Widerstände in Notunterkünften, in Hallen und Zelten freiwillig engagieren.

Einmal sagte mir ein verantwortlicher Mitarbeiter in einer Behörde, man sei dankbar für das Engagement so vie ler Freiwilliger, aber es sei nicht vorgesehen, dass sie Beziehungen zu Geflüchteten aufbauten. Diese emotionalen Bindungen würden das behördliche Handeln erschweren. Dem gegenüber steht meine Erfahrung der letzten Monate: Die Offenheit für Beziehungen ist ein Reichtum in unserem Land! Wir brauchen Menschen, die sich berühren lassen vom Schicksal anderer. Die bereit sind, mit bisher Fremden verlässliche Bindungen aufzubauen. Denn diese Begegnungen zwischen Menschen lassen ein neues „Wir" entstehen. Ein Wir, das das eigentliche tragfähige Fundament des Hauses ist, in dem wir gemeinsam leben.

Ob das Zusammenleben in einem Haus gelingt, hängt nur zum Teil davon ab, ob der Bauplan und damit die äußeren Bedingungen stimmen. Wesentlich ist, dass sich die

Menschen in diesem Haus aufeinander einlassen und überhaupt zusammenleben wollen. Genauso scheint es mir im Augenblick in unserer Gesellschaft darauf anzukommen, dass wir uns dafür entscheiden, wirklich mit Geflüchteten zusammenleben zu wollen. Strategien, ökonomische Prognosen oder gesetzliche Rahmenbedingungen sind wichtig und ordnen den äußeren Rahmen. Sie bleiben aber statisch, wenn die Begegnungen unter den Menschen fehlen. Wenn ich von meinen Erfahrungen erzähle, dann vor allem, um damit anderen Menschen Mut zu machen und in ihnen die Neugier zu wecken, den direkten Kontakt mit Menschen auf der Flucht zu suchen. Mir geht es aber auch darum, den vielen Menschen, die als Freiwillige eigene Erfahrungen gesammelt haben, ans Herz zu legen: Traut euren Erfahrungen und lasst euch nicht von lauten Parolen oder vermeintlichen Sachargumenten einschüchtern! Ihr habt mit dem, was ihr erlebt habt, etwas Wesentliches zum Thema beizutragen.

Ich bin der festen Überzeugung: Auch dieses Haus, unsere Gesellschaft, kann es schaffen und zu einem Ort werden, an dem jeder einen Platz findet.

1

NÄCHSTENLIEBE KENNT KEINE OBERGRENZE

Ich sitze im Auto und höre im Radio eine Nachricht, die wie eine Erfolgsmeldung klingt: Die Flüchtlingszahlen sind Anfang des Jahres 2016 gesunken. Als Grund hierfür werden der Winter und neue Grenzzäune in Europa genannt. Auf mich wirken die Formulierungen in der Meldung zynisch. Wie weit ist es gekommen, dass wir es als Erfolg feiern, wenn es Menschen nicht zu uns schaffen und stattdessen irgendwo in Lagern unter menschenunwürdigen Bedingungen ausharren müssen? Ich kann es kaum fassen, was aus der Willkommenseuphorie des Sommers 2015 geworden ist. Wie kann es sein, dass die Stimmung in unserem Land so schnell umschlägt?

Ich habe in diesem Augenblick das dumpfe Gefühl, die Unkultur des Wegschauens könnte schon gesiegt haben. Nach dem Motto: Hauptsache weniger Flüchtlinge im Land, wir wollen gar nicht wissen, wie es ihnen woanders ergeht. Manchmal möchte ich denen, die für die

Abschottungspolitik verantwortlich sind, Geschichten von konkreten Menschen erzählen, die mir täglich begegnen. Am liebsten würde ich ihnen Fotos zeigen mit Gesichtern oder sie mitnehmen in die Unterkünfte, in denen Menschen sitzen, die sich Sorgen machen um Angehörige, die irgendwo an einer Grenze festsitzen.

Immer wieder wird gesagt, aus Betroffenheit heraus ließe sich keine Realpolitik gestalten. Wenn ich Meldungen wie die von den gesunkenen Flüchtlingszahlen höre, denke ich mir: Und so weit kommt es, wenn Realpolitik ohne Betroffenheit und beziehungslos gemacht wird. Für mich hat aber jede dieser politischen Entscheidungen Auswirkungen auf Menschen mit Namen und Gesichtern. Ist das etwa ein Fehler?

Ein junger Mann aus Syrien hat mir erzählt, dass seine Schwester mit ihrer Familie aus Aleppo an die türkische Grenze geflohen ist und dort darauf wartet, in die Türkei einreisen zu dürfen. Die Bombardierungen durch russische Kampfflugzeuge haben der Familie mit den kleinen Kindern ein Bleiben in ihrer Heimat unmöglich gemacht. Ich frage ihn jeden Tag, ob er etwas Neues von seiner Schwester gehört hat. Die ersten Tage antwortet er mir noch mit einem Lächeln auf den Lippen und mit Hoffnung: „Noch warten sie, weil die Grenzen dicht sind, aber vielleicht heute Nacht." Nach vier Tagen erzählt er mir traurig, seine Schwester sei mit ihrer Familie nach Aleppo in den Krieg zurückgekehrt.

Die Türkei halte die Grenze weiter verschlossen und für die Kinder sei es nicht länger zumutbar, bei Kälte unter freiem Himmel zu warten.

Die Radiomeldung von den gesunkenen Flüchtlingszahlen hat für mich in diesem Augenblick ein trauriges Gesicht bekommen. Ich schäme mich für diese Meldung, mehr aber noch für die Haltung, die zu der Wende in der Asylpolitik und damit zu dieser Nachricht geführt hat. Die Begrenzung der Flüchtlingszahlen scheint auf einmal zu so etwas wie einem Wert geworden zu sein. Für mich bezeichnet dieser Weg der Abschottung eine wirkliche gesellschaftliche Krise.

Ja, wir leben in einer Krisensituation. Aber diese Situation wird zu Unrecht als „Flüchtlingskrise" bezeichnet, als seien Menschen, die vor Bomben fliehen, Auslöser der Krise. Richtig wäre, von einer „Humanitätskrise" oder von einer „Wertekrise" zu sprechen. Denn wenn an den Grenzen Europas die Humanität Obergrenzen geopfert wird, dann sind tatsächlich Werte bedroht. Wenn nach wie vor an Außengrenzen Europas Menschen ertrinken, die Schutz suchen, dann befinden wir uns längst in einer tiefen Humanitätskrise.

Schon 2013 sprach Papst Franziskus angesichts der vielen Toten im Mittelmeer von einer „Schande" für Europa. Und auch der Vorsitzende der deutschen Bischofskonferenz, Kardinal Marx, fand im Herbst 2015 scharfe Worte: „Wenn wir

Menschen in Not sozusagen an unseren Grenzen sterben lassen, dann pfeife ich auf die christliche Identität. Das kann ja nicht sein. Christliche Identität bedeutet als Erstes, dem Nächsten begegnen, der schwach ist."[1] Gerade als Christen sind wir in unserem Innersten, in unserer christlichen Identität betroffen. Die Not und das Sterben von Menschen müssen uns beunruhigen, in Bewegung setzen!

Mir ist sehr wohl bewusst, dass wir vor großen Herausforderungen stehen, machen wir tatsächlich Ernst mit der Nächstenliebe. Eine Gesellschaft, die Humanität ohne Obergrenze zu praktizieren versucht, steht vor einer ungeheuren Belastungsprobe. Aber die Lösung kann nicht sein, die Humanität in Frage zu stellen, sondern vielmehr stehen die Kriterien für die Belastungsgrenzen auf dem Prüfstand.

Wenn dort schon für manche die Belastungsgrenze erreicht ist, wo unser Wohlstand nicht mehr auf dem gleichen hohen Niveau wie bisher gehalten werden kann, dann ist doch diese Verteidigung des Wohlstands in Frage zu stellen, nicht aber der Wert der Humanität. Vielleicht haben wir schon längst die Obergrenze des Wohlstands überschritten, die Möglichkeiten der Humanität dagegen noch nicht voll ausgeschöpft. Vielleicht könnte es sogar eine der Aufgaben der christlichen Kirchen in der derzeitigen Diskussion sein, die uralten christlichen Tugenden des Teilens und des Verzichts positiv ins Gespräch zu bringen.

[1] Pressekonferenz am Rande der Tagung der DBK in Würzburg am 12.09.15.

Ein Mehr an Humanität – oder christlich gesprochen Nächstenliebe – würde uns möglicherweise zumuten, bisherige unantastbare Belastungsgrenzen zu überschreiten. Aber so viele Menschen, die in den letzten Monaten genau diese Tugenden für mich überzeugend gelebt haben und nicht nur davon reden, bestätigen: Wir verzichten vielleicht auf die eine oder andere Annehmlichkeit und an mancher Stelle tut das Teilen sogar weh, aber wir verlieren dabei nichts.

Vieles ist anders geworden in unserem Leben, seit wir zum Beispiel einen Teil unserer Freizeit oder unseres Wohnraums und damit unseres ganz konkreten Wohlstandes im Alltag mit Geflüchteten teilen. Aber vieles ist eben auch besser geworden!

Neben der Frage, welche Werte es sind, für die ich persönlich in meinem Leben stehe und für die wir im Zusammenleben in unserer Gesellschaft eintreten wollen, bestimmt die Angst vor fremden Kulturen oder gar vor einem Verlust an Kultur die gegenwärtige Diskussion. Dabei fällt mir auf: Viel zu häufig wird statisch über das Thema gesprochen – als würde ein statischer Block von Menschen aus einer anderen Kultur auf die „deutsche" oder „christlich-abendländische Kultur" treffen. Aber ich erlebe Menschen, die zu uns kommen, in ihren Prägungen und in ihrer Lebensweise ebenso unterschiedlich, wie ich Menschen hier erlebe. Und Nähe oder Fremdheit in der Begegnung mit Geflüchteten hängt vielmehr von den jeweiligen Charaktereigenschaften oder schlichter Sympathie ab als vom Kontext kultureller Unterschiede. Es gibt Menschen in Deutschland, die mir absolut fremd sind, obwohl sie den gleichen kulturellen Hintergrund haben. Dafür habe ich immer wieder das Gefühl großer innerer Übereinstimmung mit Menschen, die einer anderen Religion angehören und noch dazu in einem anderen kulturellen Zusammenhang groß geworden sind.

Trotzdem darf auch hier nicht unterschätzt werden: Es ist eine große Herausforderung, sich aufeinander einzulassen. Von beiden Seiten. Es gibt große Unsicherheiten. Es gibt auf Seiten der Geflüchteten das starke Bedürfnis, etwas von der verlorenen Heimat hier weiterzuleben. Und es gibt bei hier Geborenen eine Mischung aus einer diffusen Angst, etwas könnte verloren gehen, was uns wichtig ist.

Ein alter Bekannter, den ich seit vielen Jahren kenne und schätze, schreibt mir im Dezember 2014 eine E-Mail. Er ist entsetzt, weil er in der Zeitung gelesen hat, dass ich bei einem der ersten PEGIDA-Aufmärsche unter den Gegendemonstranten zu finden war. Ganz konkret spricht er mich auf einen Zeitungsbericht an, der auch Abschnitte aus einer Rede zitiert, die ich bei einer Kundgebung gehalten hatte. Ich habe dort deutlich gemacht, dass nach meiner Überzeugung PEGIDA christliche Werte nicht verteidigt, sondern pervertiert. Mein Bekannter entgegnet in seiner Mail: „Ihren Anspruch auf Definitionshoheit über das, was christliche

Werte darstellen, halte ich in diesem Zusammenhang für überzogen." Seine Nachricht erschüttert mich, weil er doch eigentlich zu meiner bisherigen Welt, zu meinem bislang als so sicher vermuteten „Wir" dazugehört. Deshalb lese ich seine Mail sehr aufmerksam und verbuche sie nicht einfach unter „normalen Beschimpfungen" wie manch andere Mail, die mich in den kommenden Monaten mit ähnlichem Inhalt erreichen sollte.

Mein Bekannter äußert in bitterem und vorwurfsvollem Ton seine Sorge, unsere christlichen Werte seien in Gefahr. Der Zustrom muslimischer Flüchtlinge zerstöre eine über viele Jahrhunderte geprägte christliche Kultur. Zum ersten, aber nicht zum letzten Mal lese ich, meine Offenheit gegenüber Geflüchteten sei „blauäugig". Es klingt fast wie eine Mischung aus dem letzten Versuch, mich zu überzeugen, und einem Abschiedsbrief. Am Ende der Nachricht steht die Ankündigung, er werde bewusst an den PEGIDA-Demonstrationen teilnehmen, weil er es als seine Pflicht ansehe, gerade auch als überzeugter Christ für die Werte des christlichen Abendlandes auf die Straße zu gehen.

So geschieht es dann auch: An dem darauffolgenden Montag sehe ich ihn jenseits der Absperrgitter unter den PEGIDA-Demonstranten. Er steht bei einer kleinen Gruppe hinter einem Transparent mit der Aufschrift „Gegen den Missbrauch des Asylrechts". Angeführt wird die Kundgebung von einem großen Fronttransparent, auf dem zu lesen ist: „Unser Land, unsere Werte". Ich stehe auf der anderen Seite und spüre: Hier geht ein bisher sicher geglaubtes „Wir" verloren. Da drüben laufen eben nicht nur Glatzköpfe und Größen aus der regionalen rechten Szene. Unter der überschaubaren Zahl der PEGIDA-Anhänger findet sich jemand, den ich kenne. Einige Monate später – im Frühjahr 2015 – als PEGIDA nach längerer Pause noch einmal in Würzburg neu zu starten versucht, entdecke ich einen anderen Bekannten auf der PEGIDA-Seite. Er steuert gezielt auf mich zu: „Wie können Sie als katholischer Priester unter linken Gegendemonstranten mitlaufen, anstatt gemeinsam mit uns christliche Werte zu verteidigen?" Mein Blick fällt in diesem Moment wie zur Unterstreichung seiner Worte auf ein großes weißes Holzkreuz, das inzwischen zur festen Ausrüstung der PEGIDA-Demonstrationen gehört. Ich kenne dieses Holzkreuz schon aus den Wintermonaten, in denen ich Montag für Montag auf der Straße zugebracht hatte, um mit vielen anderen Menschen deutlich zu machen, dass für ausgrenzende und fremdenfeindliche Gedanken kein Platz auf unseren Straßen sein darf. Das Kreuz wurde zusammen mit Deutschlandfahnen und anderen Flaggen wöchentlich in einem Anhänger zum Sammelpunkt der PEGIDA-Demonstranten gebracht und vom Organisator der Versammlungen zu Beginn an die Teilnehmer ausgegeben. Nach Abschluss der Veranstaltungen konnte man beobachten, wie Fahnen und Kreuz wieder eingesammelt und ordentlich verladen wurden. Dieses „Ritual" kenne ich bereits.

Doch in diesem Augenblick Anfang Mai 2015 ist es noch mal anders: Das Absperrgitter, über das hinweg mir der Bekannte sogar kurz die Hand reicht, und der Blick auf das Kreuz auf der anderen Seite tun mir beinahe körperlich spürbar weh.

Was geschieht da gerade in unserem Land? Was geschieht da in meinem Leben? Menschen, die ich seit vielen Jahren kenne, demonstrieren mit dem Kreuz in den Händen für christliche Werte. Aber ich gehe eben bewusst nicht mit ihnen gemeinsam, sondern Gitter und massive Polizeikräfte trennen uns voneinander. Ich demonstriere nicht mehr gegen eine Geisteshaltung irgendwelcher für mich anonymer „Nazis", sondern auf der anderen Seite finden sich vertraute Gesichter und ein Kreuz. Mir wird in diesem Augenblick klar, dass sich zeitgleich mit dem Erleben eines „neuen Wir" auch eine andere Erfahrung einstellt: Die Erfahrung von Verunsicherung und sogar Verlust. So etwas wie ein „altes Wir" droht gerade zu zerbrechen.

Menschen, die zu diesem „alten Wir" dazugehören, tragen ein Kreuz durch die Straßen und wollen eine Obergrenze, die ich mit meinen christlichen Werten nicht vertreten kann. Und manche dieser Menschen schreiben mir Briefe oder E-Mails – nicht anonym und mit Beschimpfungen, sondern sie unterschreiben mit ihrem Namen. Sie melden sich bei mir und versuchen, mich zu überzeugen oder zu ermahnen. Sie sprechen von „christlichen Werten", die nach ihrer Auffassung bedroht sind und die es zu verteidigen gilt. Diese Menschen und ihre Botschaften kann ich nicht einfach wegwischen, als hätten sie gar nichts mit mir zu tun. Und auch das Kreuz, das sie durch die Straßen tragen wie ein militärisches Feldzeichen, lässt mich nicht kalt.

Ja, es geht tatsächlich um Werte! Es geht um sehr viel. Es geht um meinen christlichen Glauben, der mir viel bedeutet und der zu mir gehört. Wie nie zuvor in meinem Leben erscheinen mir diese Werte aber umstritten, ja sogar umkämpft. Sie werden von unterschiedlichen Seiten für sich beansprucht, die sich beinahe feindlich gegenüberstehen.

Und so intensiv wie schon lange nicht mehr, ja wie vielleicht noch nie zuvor in meinem Leben, beschäftige ich mich mit diesen christlichen Werten. Immer häufiger denke ich darüber nach und diskutiere mit Menschen in meiner Nähe darüber: Was sind eigentlich diese Werte, für die ich einstehe? Wie begründe ich sie? Was ist mir heilig? Es ist höchste Zeit, auch öffentlich darüber zu reden und das Wort „Werte" nicht nur als inhaltsleeren Kampfbegriff gegeneinander einzusetzen.

Und noch ein anderer Begriff erscheint mir zunehmend als fragwürdig: Es ist das, was gemeinhin mit dem Wort „Kultur" bezeichnet wird.

Da ist schnell mal von „christlich-abendländischer Kultur" und „Leitkultur" die Rede und ich frage mich: Was ist eigentlich diese „Kultur"? Gibt es überhaupt so etwas wie „Kulturverlust" oder verändert sich nicht einfach ständig die Kultur, in der wir leben?

Viele „besorgte Bürger" haben oft die Erwartung, Geflüchtete seien wie leere Gefäße, die man nur mit der deutschen Sprache, mit deutschen Gewohnheiten und Regeln befüllen müsste. Frage ich Freunde aus Syrien, was ihnen am schwersten fällt, wenn sie auf die deutsche Gesellschaft blicken, dann antworten mir viele von ihnen: Euer Umgang mit alten Menschen ist für uns nicht nachvollziehbar. Wie kann es sein, dass alte Menschen in gesonderten Heimen leben müssen und nicht von der Familie versorgt werden?

Frage ich umgekehrt unter den hier geborenen Freunden nach, wovor sie am meisten Angst haben, dann wird häufig die Befürchtung geäußert, mühsam erstrittene Gleichberechtigung von Männern und Frauen könnte in Gefahr sein oder Religion könnte allzu große Bedeutung im gesellschaftlichen Leben bekommen. Es wird manche Anstrengungen kosten, mit unterschiedlichen Vorstellungen von Religion, von Vielfalt der Lebensformen, von Zeitbewusstsein, dem Geschlechterverhältnis oder dem Umgang mit alten Menschen umzugehen. Ein neues Wir wird dabei nur entstehen, wenn anerkannt wird, dass sich Kultur im Zusammenleben der Menschen weiterentwickelt. Sie ist eben nichts Statisches, sondern dynamisch, immer im Wandel. Und ein neues Wir wird nur entstehen, wenn wir in einen intensiven Dialog eintreten – über alles, was uns heilig ist.

Reden wir also über Werte und reden wir darüber, was Kultur für uns bedeutet, anstatt die beiden Begriffe nur auf Demonstrationen und in Talkshows vor uns herzutragen!

Eines ist für mich jedenfalls klar: Grenzen sind kein Wert und eine Begrenzung von Flüchtlingszahlen ist es erst recht nicht. Auch Wohlstand ist streng genommen kein Wert, wenn auch ein hohes Gut, das mit zur Stabilität einer Gesellschaft beiträgt. Humanität aber ist ein Wert. Als Christ spreche ich von Nächstenliebe und bin mir sicher: Es gehört zu den großen Errungenschaften in der biblischen Tradition, dass die Nächstenliebe irgendwann die Grenzen des eigenen Sippenverbandes oder des Nationalstaates überwand. So wie man im Lauf der biblischen Tradition Heil nicht mehr nur für das eigene Volk erwartet, sondern für alle Völker, so kann für mich christliche Nächstenliebe niemals an den Grenzen eines Nationalstaates oder an den Grenzen Europas Halt machen. Christsein heißt für mich, nicht bei sich selbst zu bleiben. Christliche Nächstenliebe gilt allen Menschen – unabhängig von Herkunft oder Religionszugehörigkeit.

Damit steht sie immer in einem Grundkonflikt zu rein nationalstaatlichem Denken und zu jeder Form des Wohlstandsegoismus. Für christliche Nächstenliebe gibt es keine „Obergrenze", denn christliche Nächstenliebe ist nicht berechnend.

2

TEILEN MUSS NICHT WEHTUN

Columbo, mein in die Jahre gekommener Labrador, steht im Wohnzimmer und blickt skeptisch Richtung Couch. Diese Couch ist sein Platz, den er seit Jahren vorzugsweise nachts als Schlafstelle nutzt. Als Hundebesitzer bin ich es gewohnt, in den Blicken meines langjährigen Weggefährten schnell seine Gedanken zu lesen. Zumindest bilde ich mir das so ein. Vielleicht projiziere ich aber auch meine eigenen Gedanken in seine Blicke und vielleicht begegnen mir in seiner Haltung in diesem Augenblick eher Reste meiner eigenen Unsicherheit und Skepsis. Jetzt steht er wie ein alter mürrischer Mann regungslos in der Tür und beobachtet, wie sich schon wieder „sein Platz" in einen Schlafplatz für Geflüchtete verwandelt.

Es ist das inzwischen übliche Freitagsritual. Seit mehreren Monaten beherberge ich über das Wochenende immer wieder zwei Gäste, die im Wohnzimmer meiner kleinen 2-Zimmer-Wohnung auf der Couch und auf einer am Boden liegenden Matratze schlafen. Ich schmunzele für einen Augenblick über meinen Hund, der immer noch mit vermeintlich besorgtem Blick in der Tür steht und halte die Situation mit der Kamera fest. Die Aufnahme hat seither schon häufig für Erheiterung in meiner Umgebung gesorgt. Schließlich habe ich sie etlichen Freunden geschickt – unter ihnen auch den beiden Geflüchteten, die mit meinem Hund und mir die Wohnung teilen. Columbo habe ich dazu den Kommentar in den Mund gelegt: „Sie kommen wieder. Schaffen wir das?" Einer der beiden jungen Syrer reagiert prompt auf das Hunde-Foto mit einer ironischen Nachricht per WhatsApp: „Columbo mag keine Flüchtlinge?" Und ein deutscher Freund kommentiert das Foto grinsend: „Pass auf, dass Columbo nicht Frau Merkel anruft und sie auffordert, die Grenzen zu schließen."

Eigentlich haben die beiden syrischen Asylbewerber einen Schlafplatz in einer der großen Notunterkünfte – einer Halle, in der fast 300 Menschen untergebracht sind. Die Notunterbringung bietet den Menschen ein Dach über dem Kopf. Sie bietet geregelte Mahlzeiten und Anschluss an medizinische Versorgung. Für viele Geflüchtete ist das der erste Ort, an dem sie sich wieder einmal sicher fühlen können – nach Zeiten des Krieges und der Flucht.

Aber das ist dann auch schon alles.

Für viele sind die Hallen Orte lähmenden Wartens unter zermürbenden Bedingungen, die sie auf Dauer krank machen.

Manche sind schon mehrfach von einer Notunterkunft in die nächste verlegt worden. Ich erinnere mich an einen Geflüchteten, der innerhalb von sechs Monaten zwölf Hallen durchlaufen hat. Menschen, die alles verloren haben, werden durch diese dauernden Verlegungen immer wieder aufs Neue entwurzelt. Ich erlebe, wie sich Menschen in den Hallen verändern.

Ein junger Mann aus Syrien, den ich bei seiner Ankunft im Sommer 2015 kennengelernt habe und der damals noch Energie und Hoffnung ausstrahlte, ist nach vier Monaten kaum mehr wiederzuerkennen. Er liegt antriebslos auf der oberen Etage eines Stockbettes in einer Halle. Seine Augen sind leer geworden. Er klagt über dauernde Kopfschmerzen und Schlafstörungen. Er sagt mir, die Halle mache ihn verrückt und er kenne sich manchmal selber nicht mehr. Immer wieder hat der ansonsten ruhige und höfliche junge Mann Konflikte mit anderen Bewohnern. Einmal geht es um die Nutzung einer der wenigen Waschmaschinen in der Halle, ein anderes Mal verliert er die Kontrolle über sich, weil ein Mitbewohner laut Deutschlesen übt. Mit einem seiner besten Freunde kommt es deshalb zu Handgreiflichkeiten, die Polizei wird gerufen, der junge Mann fühlt sich wie ein Verbrecher. Ein Kreislauf, der kaum zu durchbrechen ist. Unter der Hand nennen Geflüchtete eine der Hallen „Guantanamo".

So liegt es nahe, dass Freiwillige, die in der Nähe wohnen,

ab und zu jemanden mit nach Hause nehmen, damit sich die Nerven wieder etwas beruhigen und wenigstens zwischendurch so etwas Ähnliches wie normaler Schlaf möglich wird.

Ich bewundere diese unglaubliche Hilfsbereitschaft der Freiwilligen. Unter ihnen sind viele Studierende, die selbst in beengten Verhältnissen leben und in ihrem kleinen Zimmer oder in ihrer WG irgendwo solche Notquartiere anbieten. Dazu zählen aber auch ältere Damen oder Familien, für die sich im Alltag einiges verändert hat, seit sie immer wieder Geflüchtete bei sich aufnehmen. Eigentlich könnten die Behörden diesen Menschen dankbar sein. Ohne ihre offenen Türen wäre die Situation in so mancher Halle längst eskaliert. Vor allem wären ohne ihre unkomplizierte Hilfsbereitschaft längst viele Geflüchtete innerlich zerbrochen.

Stattdessen bekommen Freiwillige immer wieder zu hören, dass diese privaten Notunterkünfte verboten seien. Man befürchtet wohl seitens der Behörden, Menschen könnten untertauchen, sie seien dort nicht versichert oder eine Gefahr für ihre Gastgeber. Diese dauernden Verdächtigungen ermüden, bringen aber nur wenige davon ab, einfach weiter ihren Wohnraum, ihre Freizeit und vieles mehr zu teilen und aus einem inneren Antrieb heraus Mitmenschlichkeit zu praktizieren. Ich beobachte mit einem gewissen Staunen, wie ältere, ordnungsliebende Damen in ihrer Hilfsbereitschaft bürokratische Hürden subversiv unterwandern und manchmal beinahe mit Lust umgehen. Es sind nicht revolutionäre Anarchisten, sondern bürgerliche Haushalte und manche eher ängstliche Studierende, die sich in beinahe zartem, eigentlich harmlosem und dabei so sympathisch mitmenschlichem Ungehorsam üben.

Im Herbst 2015 entschließe also auch ich mich, in meiner Wohnung zeitweise zwei junge Leute aufzunehmen, die nach meinem Eindruck in der Halle ansonsten den letzten Funken Energie verlieren würden. Damit beginnt fast so etwas wie ein Selbstversuch im Teilen – ohne heroischen Entschluss und ohne große strategische Vorüberlegungen. Meine kleine Wochenend-Notunterkunft ist also keine besondere Heldentat. Viele andere Menschen in meiner Umgebung tun das Gleiche und für manche bedeutet es weitaus größere Einschränkungen als für meinen Hund und mich. Sie tun dies unbemerkt von der Öffentlichkeit und ihre Nächstenliebe wird vermutlich weder in einem Buch Erwähnung finden noch mit einem Orden ausgezeichnet. Ihre Bereitschaft zum Teilen findet wenig Anerkennung unter politisch Verantwortlichen. Im Gegenteil, diese selbstverständlich praktizierte und nicht von oben verordnete Form zivilgesellschaftlicher Solidargemeinschaft wird als störend empfunden und immer wieder mit dem Verdacht belegt, hier seien ausnahmslos Menschen mit Helfersyndrom am Werk.

Ja, auch ich bin in diesen Monaten vereinzelt Menschen begegnet, deren Engagement und Hilfsbereitschaft Asylsuchende erdrückt oder gar entmündigt hat. Aber ich habe weitaus mehr Menschen kennen- und schätzen gelernt, die einfach teilen, weil es dran ist. Bemerkenswert erscheint mir, dass die meisten Befürchtungen und Vorbehalte gegenüber Geflüchteten von Menschen geäußert werden, die bislang – wenn man sie direkt darauf anspricht – angesichts der stark angewachsenen Zahl von Geflüchteten auf nichts in ihrem Leben verzichten mussten. Warum diese Angst vor dem Teilen? Warum diese Panik, es könnte in unserem wohlhabenden Land nicht reichen?

Auf einer NPD-Facebookseite kommentiert ein Anhänger der rechtsradikalen Partei mein Engagement für Geflüchtete: „Dieser Pfaffe soll seinen fetten Geldbeutel aufmachen, anstatt uns das Geld aus der Tasche zu ziehen. Er soll mal selber in seinem Pfarrhaus Asylanten aufnehmen!" Der Schreiber des Kommentars weiß nichts davon, dass seit Monaten Menschen bei mir wohnen. Hinter seinen hasserfüllten Zeilen steht natürlich die Frage nach der Glaubwürdigkeit all derer, die in diesen Zeiten zum Teilen auffordern. Die Polemik versuche ich in solchen Äußerungen beim Absender zu belassen, den Ruf nach Glaubwürdigkeit im Handeln höre ich dagegen aufmerksam.

Ebenso eine Äußerung eines CSU-Politikers, der mir mit Ärger und auch mit Enttäuschung im Sommer 2015 vorwirft:

„Sie können als Priester leicht schöngeistig daherreden. Aber wir müssen die harten politischen Entscheidungen treffen. Mit dem Evangelium lässt sich keine Realpolitik machen."

Ein solcher Vorwurf provoziert mich natürlich im ersten Augenblick und er erschüttert mich auch in seiner Härte. Gleichzeitig höre ich auch hier eine wichtige Botschaft, die ich sehr ernst nehme: Es ist die Frage der praktischen und politischen Umsetzbarkeit christlicher Nächstenliebe, verbunden mit dem uralten Vorurteil, die Verkündiger des Evangeliums hätten keine Ahnung von der Realität.

Daneben höre ich auch den – vielleicht manchmal nicht unberechtigten – Vorwurf, die Vertreter der christlichen Ideale hätten zu wenig Verständnis für Menschen, die unter hohem Zeit- und Erfolgsdruck politische Entscheidungen zu treffen haben. Ich höre die tiefe Verunsicherung, die Menschen in C-Parteien im Augenblick erleben. Während sich die Regierungsparteien auf einen härteren Kurs gegenüber Geflüchteten einstellen, entfernt sich die christliche Basis in vielen Kirchengemeinden mit ihrer praktisch gelebten Nächstenliebe von der Politik der christlichen Parteien. Diese Kluft macht manchem zu schaffen, der aus einem christlichen Anliegen heraus in die Politik gegangen ist.

Diese und viele andere Anfragen, kritische Stimmen und Gespräche habe ich immer wieder im Hinterkopf, wenn ich Wochenende für Wochenende mit zwei Menschen ein Stück meines Lebens teile.

Abgesehen von den Befindlichkeiten meines Hundes, der am Wochenende immer wieder auf seinen geliebten Couchplatz verzichten muss, stelle ich mit einigem Erstaunen fest, dass mir nicht wirklich etwas fehlt. Außer dass hin und wieder in meiner Küche Teller an anderer Stelle als der seit Jahren üblichen zu finden sind, ist mein Leben eher reicher geworden, als es vorher war.

Ein kleines Experiment, das ich bewusst mit mir selbst unternommen habe, macht mir das deutlich. Im Herbst 2015 beschäftigt mich die Frage, wie es mir wohl selbst erginge, wenn ich auf etwas verzichten würde, was ich brauche oder woran mein Herz hängt. Ich probiere es wenig spektakulär, aber dennoch spürbar mit einer harmlosen Winterjacke, meiner Lieblingsjacke, die ich einem Geflüchteten überlasse. An den ersten kalten Tagen vermisse ich sie. Natürlich kann ich mir eine neue Jacke kaufen, aber es gibt tatsächlich diese kurzen Augenblicke, in denen mir der syrische Student mit „meiner" Jacke begegnet und ich mir wünsche, sie wäre noch in meinem Besitz. Es ist gut, auch dieses Gefühl zu kennen und zuzulassen. Gleichzeitig zeigt mir das kleine Experiment, dass der Verzicht auf etwas Komfort nicht wirklich wehtut.

Den Schmerz, den Teilen verursachen kann, spüre ich an einer ganz anderen Stelle.

Dieser besteht nicht in materieller Hinsicht, sondern in einer größeren emotionalen Belastung. Mit Menschen

Leben zu teilen, die aus dem Krieg kommen und deren Familien nach wie vor im Krieg leben, ist vielleicht die größte Herausforderung für mich und für so viele andere, die sich entschieden haben, sich auf die Veränderung ihres eigenen Alltages einzulassen. Diese Anteilnahme ist manchmal nur schwer in den eigenen beruflichen oder gewohnten familiären Alltag zu integrieren. Bilder von zerstörten Städten, von verwundeten und getöteten Menschen, die mich eben nicht über die Anonymität der gewohnten Nachrichtensendungen erreichen, sondern über die Smartphones von Menschen, die ein Teil meines Lebens geworden sind, konfrontieren mich manchmal mit meinen Grenzen.

Meine Wohnung zu teilen, ist machbar. Das schaffe ich. Die Realität von Krieg und Gewalt und damit Trauer, Hoffnungen und auch Ohnmacht zu teilen, ist für mich die eigentliche Herausforderung. Das „neue Wir" erfordert für mich aber gerade diese Form des Teilens. Es wird darum gehen, die Realität des Krieges und der Gewalt, die mit den Geflüchteten an unsere Tür klopft, wahrzunehmen und hereinzulassen.

Wer von der Globalisierung der Märkte wirtschaftlich profitiert, wird erfahren, dass nicht nur Waren, sondern eben auch Menschen mit ihren Erfahrungen Grenzen überschreiten und Teil des eigenen Lebens werden. Mehr als die wirtschaftlichen Veränderungen wird uns vielleicht in den kommenden Jahren das Teilen des Lebens mit seinen vielschichtigen und oft traumatischen Erfahrungen herausfordern. Zum „neuen Wir" gehört dann eben auch, dass Krieg und Gewalt nicht als abstrakte Meldung auf dem Bildschirm unserer Fernsehgeräte oder Laptops bleiben, sondern als konkrete und traumatische Erfahrung zusammen mit Menschen auf der Flucht bei uns einziehen und gleichsam als neue Nachbarn in unserem Haus wohnen. Es ist eine Herausforderung, mit Menschen das Leben zu teilen und Gesellschaft zu gestalten, die mitansehen mussten, wie vor ihren Augen liebe Angehörige gewaltsam im Krieg getötet wurden. Ihre mitgebrachten Erfahrungen haben auch Auswirkungen auf mein Leben.

Damit verbindet sich eine für mich wichtige Erkenntnis der letzten Monate: Es braucht den Abschied von einem Teilen, das nichts im eigenen Leben verändert – und damit meine ich eben nicht nur die ökonomische Seite. Es braucht den Abschied von der reinen „Charity-Haltung", die den Armen etwas vom Reichtum abgibt, ohne sich selbst dabei zu verändern und ohne sich auf die Begegnung mit Menschen einzulassen. Teilen führt nur dann zu einer neuen Wir-Erfahrung und damit zu echter Solidarität, wenn es in Beziehung geschieht und wenn damit echtes Anteilnehmen verbunden ist.

Im besten Fall entstehen aus diesem Teilen für alle ein größerer gemeinsamer Reichtum und eine neue Verbundenheit untereinander.

Auf einer Studienreise in Israel wandere ich mit Studierenden aus Würzburg durch das Wadi Kelt zwischen Jerusalem und Jericho. Wir machen an einer Stelle halt und lesen das Gleichnis vom barmherzigen Samariter (Lk 10,25–37). Unter den Studierenden sind einige, die sich seit Monaten für Geflüchtete engagieren. Immer wieder sind auf der Reise durch Israel und Palästina unsere Gedanken bei den jungen Syrern bei uns zu Hause, besonders in den Tagen nahe der syrischen Grenze am See Genezareth und im Golan. Als wir im Wadi Kelt sitzen – in jenem Tal, das Lukas vor Augen hatte, als er vom barmherzigen Samariter sprach, treffen sich meine Blicke für einen Moment mit denen einiger Studierender. Das Gleichnis erzählt eine konkrete Beispielgeschichte vom Teilen. Und das Teilen beginnt in dem Moment, als der Samariter den Verwundeten am Wegrand anschaut und – wie es wörtlich im Griechischen heißt – er körperlich in seinen Eingeweiden erschüttert wird.

Das Leid eines anderen Menschen kann einem körperliche Schmerzen bereiten. Das ist die Erfahrung, die Menschen machen, die sich berühren lassen und für die Teilen mehr bedeutet, als etwas vom eigenen Besitz abzugeben. In der Rahmenerzählung der Beispielgeschichte fragt Jesus den Gesetzeslehrer, wer dem Verwundeten der Nächste gewesen sei. Die Antwort: „der, der Barmherzigkeit gezeigt hat" (Lk 10,37).

Später erzählen mir einige Studierende, dass sie in diesem Augenblick an die Geflüchteten zu Hause gedacht haben und an ihr persönliches Engagement, das ihnen manchmal so viel abverlangt. Sie erzählen mir auch, wie wichtig ihnen der schlichte Abschluss der Erzählung auf dem Weg gewesen ist: „Dann geh und handle genauso!" Darum geht es.

3

WER IST SCHON FREMD?

Tränen der Wut stehen in den Augen der Frau, die mich nach einer Demonstration gemeinsam mit ihrem Mann anspricht. Beide kommen aus dem Raum Stuttgart und sind zufällig in Würzburg. Irgendwie sind sie in die Kundgebung hineingeraten, in der es mal wieder um Solidarität mit Geflüchteten geht. Am Rande der Versammlung haben sich die beiden offensichtlich ein hartes Wortgefecht mit einer Gruppe von Demonstrationsteilnehmern geliefert.

Die Frau ist aufgelöst und wütend: „Sie sind Priester, habe ich gehört. Also müssen Sie mir zuhören. Hier wird über Flüchtlinge geredet, als seien das alles Heilige. Dabei habe ich ganz andere Erfahrungen gemacht. Ich arbeite in einer Bank und bin schon mehrmals von Flüchtlingen in meinem Job beleidigt worden, weil sie nicht bekommen haben, was sie wollten. Ich habe Angst, dass wir das alles nicht schaffen." Und dann formuliert die Frau eine Fülle von Ängsten. Sie habe Angst, dass sie als Frau nicht mehr respektiert würde. Irgendwann könnte es so weit kommen, dass sie sich nicht mehr auf die Straße traue. Es könne doch nicht sein, dass wir in unserer Gesellschaft wichtige Errungenschaften wie die Gleichberechtigung von Männern und Frauen aufs Spiel setzten, wenn wir Menschen aus einem ganz anderen Kulturkreis bei uns aufnähmen.

Bevor ich zu Wort komme, beklagt die Frau, Unterstützer von Flüchtlingen hätten sie zuvor im Streitgespräch als rassistisch beschimpft. Diese Leute würden zwar Toleranz und Respekt von anderen einfordern, seien aber selbst intolerant und aggressiv. Außerdem habe sie Angst, dass Menschen aus arabischen Ländern keinen Respekt vor Frauen hätten. „Die sind einfach fremd und passen nicht zu uns."

Ich fühle mich überrannt von diesem Gemisch aus Worten und Emotionen, das die Frau über mir ausschüttet. Zuerst will ich in Abwehrhaltung gehen. Ich bin schließlich weder verantwortlich für unfreundliches Verhalten einzelner Flüchtlinge noch für den aggressiven Ton von Demonstrationsteilnehmern, über den sich die Frau beschwert. Gleichzeitig liegt mir auch nichts daran, der aufgebrachten Frau ihre schlechten Erfahrungen oder ihre Ängste auszureden. Ich verteidige auch nicht die Menschen, mit denen sie vorher einen Konflikt hatte und über die sie sich bei mir zu beschweren versucht.

Tatsächlich habe ich bei zahlreichen Bürgerversammlungen und in Gesprächen erlebt, wie wichtig es ist, Menschen ausreden zu lassen – selbst wenn ihre Worte in meinen Ohren zunächst voller Vorurteile stecken. Erst recht ist es weder sinnvoll noch angebracht, Menschen ihre Erfahrungen und Emotionen abzusprechen oder schnell mit Sachargumenten als falsch zu relativieren.

Es ist ja auch etwas dran an dem, was die Frau beklagt. Etwas, das ich nicht so einfach von der Hand weisen kann: Diese Diskussionen, in denen ich auch auf Seiten der ehrenamtlich Tätigen und bei mir selbst Feindbilder und Klischees wahrnehme, finden statt. Ja, ich kenne auch von mir selbst und anderen die kämpferisch eifernde Haltung, wenn es um die Verteidigung der Rechte von Flüchtlingen geht. Es gibt in diesem Zusammenhang eine ganz eigene Art von „positivem Rassismus". Damit meine ich die Neigung, grundsätzlich Geflüchtete zu „Opfern" zu stilisieren, die es mit Klauen und Zähnen gegen „böse Behörden", gegen politisch Andersdenkende und manchmal sogar gegen Menschen, die über individuelle Erfahrungen mit Geflüchteten berichten, zu verteidigen gilt.

Ich glaube, diese Form des „positiven Rassismus" schadet Geflüchteten letztlich genauso – wenn auch mit anderen unmittelbaren Folgen – wie der offene Rassismus. Denn in beiden Fällen wird vorausgesetzt, dass es sich bei Menschen auf der Flucht um so etwas wie eine geschlossene Gruppe handele, die es entweder abzulehnen oder um jeden Preis zu verteidigen gilt. Aber so einfach ist es eben nicht.

Geflüchtete sind zuerst und vor allem ganz normale Menschen. Sie sind einzelne Individuen mit ganz unterschiedlichen Geschichten. Unter ihnen gibt es – wie unter den hier geborenen Deutschen auch – solche, die mir sympathisch sind, und andere, mit denen ich mich schwertue. Warum sollte sich unter Geflüchteten nicht die ganze Bandbreite unterschiedlicher Charaktere und Verhaltensweisen finden lassen wie unter hier Geborenen? Vorurteile genauso wie eine einseitig verklärte Sicht entstehen jeweils, wenn Erfahrungen mit einzelnen Menschen auf eine ganze Gruppe übertragen werden und sich damit ein generalisierendes Urteil verbindet.

Wenn die Welt nur so simpel wäre: Welt 1 wäre die deutsche Gesellschaft – aufgeklärt und durch und durch demokratisch, mit Toleranz und Rechtsstaatlichkeit vertraut. Welt 2: Die Flüchtlinge – fremde Menschen aus unterentwickelten Kulturen, in denen man nichts von Meinungsfreiheit weiß und Männer Frauen in kurzen Röcken als Einladung zum Sex verstehen. Welt 1 verteilte dann an Menschen aus Welt 2 das Grundgesetz und belehrte sie über den deutschen Rechtsstaat.

So einfach ist es aber nicht.

Wer sich mit Menschen auf der Flucht vertraut macht und wer sich näher mit der deutschen Gesellschaft befasst, wird feststellen: Die Welt ist vielschichtig und manchmal ziemlich kompliziert. Hier stoßen keine zwei Welten aufeinander, erst recht stehen sich keine zwei „Fronten" von Fremden und Einheimischen gegenüber. Sehr unterschiedliche Menschen mit vielfältigen Prägungen kommen als Geflüchtete nach Deutschland. Sie stammen aus Städten oder aus ländlichen Regionen, sie sind liberal oder traditionell geprägt, mehr oder weniger religiös oder gebildet. In Deutschland treffen sie auf eine ebenso vielschichtige Gesellschaft, die nicht nur aus lebendigen Abbildern des Grundgesetzes besteht. Trotzdem versuchen zurzeit viele, der augenblicklichen Verhältnisse durch eine schlichte Einteilung in Gut und Böse Herr zu werden. Und sie sind auf allen Seiten anzutreffen. Vielleicht liegt das daran, dass für uns alle – ehrenamtliche Unterstützer, Mitarbeiter von Behörden und erst recht für Geflüchtete – die Komplexität der Situation kaum zu bewältigen ist.

All das schießt mir für einen Augenblick durch den Kopf, als mir das Ehepaar gegenübersteht. Ich fühle mich unwohl, überrannt und wieder einmal wortlos. In diesem Moment entdecken mich drei syrische Studenten, die freudig auf mich zustürmen. Herzlich werde ich umarmt und begrüßt. Ebenso herzlich begrüßen sie das Stuttgarter Paar, mit dem ich gerade im Gespräch bin und das sie einfach in ihre Freude, mich zu sehen, mit einschließen.

Es ist nur ein kurzer Augenblick, in dem wir in unserem festgefahrenen Gespräch von der spontanen Freundlichkeit der drei jungen Leute überrascht und unterbrochen werden. Nach der „Charmeoffensive", die nur einige Sekunden dauert, bleibe ich mit der Frau und ihrem Mann stehen. Die Frau schaut ihren Partner entgeistert an und sagt nur: „Das war jetzt aber ..." Weiter kommt sie nicht. Wieder hat sie Tränen in den Augen. Diesmal sind es aber keine Tränen der Wut, sondern für einen Augenblick ist es Rührung.

Relativ schnell verabschieden wir uns. Es ist fast so, als ob alles gesagt sei. Ich bringe nur noch einen kurzen formelhaften Satz über die Lippen, vielleicht weil ich die beiden nicht ganz wortlos entlassen will: „Ich wünsche Ihnen für die Zukunft, dass Sie neben den schlechten Erfahrungen, die Sie machen mussten, auch ein paar gute Erfahrungen mit Geflüchteten sammeln." Die beiden sind schon am Weggehen, da dreht sich die Frau noch mal um und sagt: „Danke, eine habe ich heute schon gemacht ..." Für mich ein „heiliger Moment".

Nein, ich glaube nicht, dass sich durch diese kurze Begegnung die Einstellung der Frau gegenüber Flüchtlingen grundsätzlich verändert hat. Aber vielleicht ist wenigstens für einen kurzen Augenblick der Automatismus unterbrochen worden, der jeden Flüchtling in ihren Augen gleichgesetzt hat mit den Menschen, mit denen sie schlechte Erfahrungen gemacht hat.

Bei mir haben ihre so unterschiedlichen Tränen etwas unterbrochen. Erst waren es die bitteren Tränen des Protests, der Kränkung und vielleicht auch der echten Angst vor Überforderung mit der jetzigen Situation. In denselben Augen konnten sich Tränen durch eine flüchtige Erfahrung wandeln und eine Rührung ausdrücken, die neue Nähe möglich macht.

Ich brauche solche Unterbrechungen, die mich auf allen Seiten immer wieder einzelne Menschen entdecken lassen. Ich glaube, ein neues Wir wird dann wachsen, wenn alte Fronten und eingefahrene Feindbilder durchlässig werden und der Blick auf den einzelnen Menschen frei wird.

Zu diesem Erlebnis auf der Straße kommt mir ein Buchtitel in den Sinn, der für mich inzwischen zu einem Leitsatz für mein Denken geworden ist: „Was für mich zählt, ist der Mensch." Es war dieses kleine Buch, dessen Lektüre bei mir vor mehr als 20 Jahren große Wirkung erzielte. Und es war die erste Begegnung mit dessen Autor, Jacques Gaillot, die zu den wichtigen Momenten in meinem bisherigen Leben gehört.

Nach meinem Theologiestudium unternahmen wir als Pastoralkurs – im Rahmen der praktischen Ausbildung im Würzburger Priesterseminar – eine Fahrt in die Normandie. Ziel war es, einen Blick für Kirche in anderen gesellschaftlichen Kontexten zu gewinnen. Eine der Stationen war

Évreux. Auf der Tagesordnung stand ein Gespräch mit dem Bischof von Évreux, Jacques Gaillot. Er hatte sich mit seiner Diözese dafür entschieden, die Option für die Armen zum grundlegenden pastoralen Konzept zu erheben. Über die Grenzen Frankreichs war dieser kleine, unscheinbar wirkende Mann bereits seit längerer Zeit dafür bekannt, dass er sich öffentlich für Kriegsdienstverweigerer einsetzte, Flüchtlinge in seinem Bischofshaus unterbrachte und mit der französischen Friedensbewegung gegen die Atomwaffentests seines Landes protestierte.

Aus dem geplanten kurzen Gespräch mit Gaillot wurde mehr. Er gab uns nicht nur Einblick in sein Pastoralkonzept, sondern lud uns anschließend zusammen mit seinem Team zum Essen ein, ermunterte uns, uns zur anschließenden Mittagsruhe irgendwo ein Sofa im Bischofshaus oder einen Platz im Garten zu suchen, und schlug uns schließlich vor, uns für den nächsten Abend zum Grillen zu treffen.

Es waren nicht nur seine Bücher mit Titeln wie „Eine Kirche, die nicht dient, dient zu nichts", die mich zunehmend beeindruckten und gleichzeitig die römische Kurie erschütterten. Es war seine alternative Weise, sein Amt auszufüllen, seine Bescheidenheit und sein Optimismus bei allen Widerständen, die mich berührten. 1991 veröffentlichte er das Buch „Offener Brief an diejenigen, die den Krieg predigen, diesen aber andere führen lassen", in dem er den 2. Golfkrieg und die Wirtschaftsblockade gegen den Irak ablehnte.

Seine Schrift „Protestschrei gegen den Ausschluss" erregte mit der deutlichen Kritik an den Einwanderungsgesetzen des damaligen französischen Innenministers großes Aufsehen. So war die französische Regierung der römischen Kurie mehr als dankbar, als diese 1995 Gaillot als Bischof von Évreux absetzte und ihm als Titularbistum die im 5. Jahrhundert untergegangene algerische Diözese Partenia verlieh. Gaillot ließ sich dadurch nicht beirren, sondern versammelte in den kommenden Jahren v. a. im Internet Menschen um sich, die sich diesem Wüstenbistum zugehörig fühlten.

2013 habe ich ihn nach vielen Jahren wieder getroffen. Immer noch bescheiden, voller Optimismus, überzeugt davon, dass der einzelne Mensch stets wichtiger ist als ein ganzes System. Er war sich sicher, dass wirklicher Friede nur gemeinsam mit Gerechtigkeit zu haben ist. Und er war immer noch von freundlicher Unbeugsamkeit. Heute lebt er in einer kleinen Gemeinschaft in Paris, begleitet Flüchtlinge zu Gerichtsverfahren, engagiert sich vor allem für Menschen ohne Papiere und ist – wie er mir erzählte – jede Woche in Paris bei einer Demo dabei. Mit seinen über 80 Jahren ist er noch voller Energie und davon überzeugt, dass das Evangelium dazu verlockt, mit der Veränderbarkeit der Welt zu rechnen, sich nicht abzufinden mit dem, was ist. Er steht auf gegen Ungerechtigkeit und macht sich die Perspektive der Benachteiligten zu eigen.

Jacques Gaillot ist vor allem eines geblieben: ein großer Menschenfreund. Als ich ihn in Würzburg treffe, sitzen wir mit einigen syrischen Geflüchteten zum Essen zusammen. Er ist an jedem Einzelnen interessiert, fragt nach den Familien, nach den Orten, aus denen die jungen Leute stammen, und sagt zum Schluss einen Satz, der uns alle berührt: „Wenn ich in Zukunft Nachrichten aus Syrien höre, denke ich an eure Namen und sehe eure Gesichter. Jeder Einzelne von euch hat jetzt einen Platz in meinem Herzen." In diesem Augenblick bin ich diesem Leitsatz, den ich Gaillot zu verdanken habe, wieder besonders nahe: „Was für mich zählt, ist der Mensch!" Das bedeutet nicht, Geflüchtete heiligzusprechen, sondern sie als einzelne Menschen mit Namen, Gesichtern und individuellen Geschichten wahrzunehmen.

Letztlich ist es für mich auch die Perspektive Jesu, die hier durchscheint und die mich beeindruckt. Wie oft erzählen die Evangelien davon, dass er es offensichtlich geschafft hat, herkömmliche Denkmuster zu durchbrechen, um den Blick auf einzelne Menschen frei werden zu lassen. Zöllner, Dirnen, Kranke, Nicht-Juden waren für ihn vor allem eines: Menschen. Dafür überschritt er die alten Grenzen zwischen Sündern und Frommen, Gesunden und Kranken, Einheimischen und Fremden.

Paulus hat im Galaterbrief für seine Zeit diese Erinnerung an das Handeln Jesu in eine Formel gefasst, um alte Einteilungen, die Menschen voneinander trennen, in Frage zu stellen. Für mich ist das fast so etwas wie ein christlicher Basissatz meiner Überzeugung, dass die Zukunft einem neuen Wir gehört: „Hier ist nicht Jude noch Grieche, hier ist nicht Sklave noch Freier, hier ist nicht Mann noch Frau; denn ihr seid allesamt einer ..."[2]

Die Erfahrung der „verwandelten Tränen" nach der Demonstration gehört für mich deshalb zu meinen Basiserfahrungen, wenn es darum geht, die Angst vor „dem fremden Flüchtling" zu unterbrechen.

Wer ist schon fremd? Wer ist vertraut? Wie schaffen wir es, das neue Wir zu entdecken und dabei alte Grenzen zu überschreiten? Unübertroffen hat diese Fragen bereits vor mehr als zwei Jahren jemand anderes für mich beantwortet – und dies auf eine ganz menschliche und schlichte Weise. Ich war damals in ein kleines fränkisches Dorf im Steigerwald eingeladen. Seit etwa drei Monaten lebten dort drei tschetschenische Familien, deren Asylantrag abgelehnt worden war und denen nun die Abschiebung drohte.

Bei der Bürgerversammlung waren neben Bürgermeister, Pfarrer, Gemeindemitgliedern aus den evangelischen und katholischen Gemeinden zahlreiche weitere Bewohner des Dorfes vertreten. Sie hatten mich eingeladen, weil sie sich über die Möglichkeiten eines Kirchenasyls informieren

2 Gal 3,28; vollständig endet das Zitat im Blick auf das neue Wir der christlichen Gemeinde: „... denn ihr seid allesamt einer in Christus."

wollten, das sie für sich in Betracht zogen, um die Abschiebung der Familien zu verhindern. Da wir in der Katholischen Hochschulgemeinde in Würzburg 2012 für sieben Monate einen jungen Äthiopier bei uns im Kirchenasyl aufgenommen hatten und seine Abschiebung letztlich erfolgreich verhindern konnten, sollte ich nun über meine Erfahrungen berichten.

Mitten in der Versammlung stand ein Bewohner des Ortes auf, in dessen Nachbarschaft die asylsuchenden Familien seit drei Monaten lebten, und meldete sich zu Wort. Ich muss ehrlich sagen, dass ich in diesem Augenblick damit rechnete, er würde die Vorbehalte gegenüber seinen muslimischen Nachbarn formulieren. Ich hatte mich aber getäuscht. Stattdessen sagte er – ohne auf die vorherige Diskussion näher einzugehen – in kernigem, fränkischem Dialekt:

„Ich will nicht, dass die wegmüssen, ich will nämlich nicht, dass da Fremde hinkommen."

Für einen Moment verstand ich überhaupt nicht, was er meinte. Die Fremden wohnten doch schon neben ihm! Und dann merkte ich, dass ich mein Bild von ihm korrigieren musste. Er hatte sich in den wenigen Monaten mit seinen neuen Nachbarn so vertraut gemacht, dass ihm egal war, dass die Menschen eine andere Religion hatten, anders aussahen, die Frauen Kopftuch trugen und auch nicht seine Sprache beherrschten. Sie waren keine Fremden mehr.

In diesem Augenblick hatte ich verstanden, dass die Angst vor dem Fremden manchmal sehr schnell verschwinden kann – in wenigen Monaten, manchmal vielleicht sogar in der einzigen Begegnung, in der sich Tränen der Ablehnung und Wut in Tränen der Nähe verwandeln.

4

AUCH IN SYRIEN GIBT ES DUSCHEN

Ich stehe morgens in meiner Küche und koche mir einen Tee. Es ist eines der ersten Wochenenden, an denen Obaida und sein Freund bei mir im Wohnzimmer zu Gast sind. Jetzt steht Obaida etwas schüchtern in der Tür und fragt: „Darf ich die Dusche benutzen?" Ich drehe mich kurz zu ihm um und deute dann zum Fenster hinaus Richtung Main: „Feel at home, go to the river!" Für einen Augenblick schaut mich Obaida verwirrt an. Dann brechen wir beide in lautes Gelächter aus und ein Spruch ist geboren, der seither zu unserem festen Repertoire gehört. Er reagiert prompt und antwortet mit einem Augenzwinkern: „Wie zu Hause. Stimmt. Wir haben ja in Syrien keine Duschen. Wir haben keine Elektrizität und wir schlafen auf den Bäumen."

Ich liebe diese Augenblicke, in denen wir gemeinsam Witze reißen können über etwas, was auch eine bedrückende und immer wieder auch kränkende Seite hat. Am Abend zuvor hatten wir uns darüber unterhalten, welches

Bild viele Deutsche von Geflüchteten haben und dass diese Vorstellungen manchmal nur mit Humor zu ertragen sind. Da gibt es die kleinen und sehr harmlosen Vorstellungen, die aus Unkenntnis geboren sind und die nicht weiter wehtun. So zum Beispiel die immer wiederkehrende mitleidige Frage an syrische Geflüchtete in den Wintermonaten: „Das muss hart sein für euch, so ein Winter in Deutschland. Aber bestimmt auch aufregend, endlich Schnee zu sehen!"

Ich weiß nicht, wie viele dieser gut gemeinten Smalltalks ich in den vergangenen Monaten erlebt habe, aber immer aufmerksamer beobachte ich die meist höflichen Reaktionen auf Seiten der Syrer. Manchmal zeigen sie einfach Fotos von Damaskus im Schnee oder verweisen darauf, dass es in ihrer Heimat gerade um einige Grade kälter ist als in Deutschland. Und es ist nicht so, als ob ich nicht auch ähnliche Fragen gestellt hätte. Manche davon sind auch mir im Nachhinein ein bisschen peinlich, weil sie mir offenbaren, wie sehr ich immer noch in meiner Wahrnehmung auf meine kleine Welt beschränkt bin.

Aber die Welt ist weiter geworden. Das verlangt nicht nur von den Menschen, die nach Deutschland kommen, sondern genauso von den hier Geborenen, dass wir dazulernen, unseren Horizont erweitern und manchmal einfach auch Geduld miteinander haben, wo es noch nicht so schnell klappen will. Hin und wieder nehme ich aber auch wahr, wie Fragen verletzen können, zum Beispiel wenn deutsche

Gesprächspartner voraussetzen, dass die Schulbildung der Geflüchteten grundsätzlich schlecht gewesen sein muss. Eine Kränkung für einen jungen Menschen, der in Syrien bereits einige Semester studiert hat und keinen größeren Wunsch mitbringt, als hier in Deutschland bald sein Studium fortsetzen zu können.

Einer von ihnen ist Mohammad, den ich im August 2015 am Eingang zu einer Notunterkunft kennenlernte. Er stieg mit einigen anderen Neuankömmlingen aus einem Bus und betrat das Zelt, das für die nächsten Monate zur ersten vorübergehenden Bleibe werden sollte. Ich sah zuerst eine Plastiktüte mit einigen Habseligkeiten in seiner Hand. Mitfühlend fragte ich ihn, ob ich etwas für ihn tun könnte und was er gerade am dringendsten bräuchte. Seine Antwort: „Wie kann ich möglichst schnell mein Studium abschließen?" Ich war für einen Moment beschämt und fühlte mich fast ertappt, weil ich mit meiner Frage eine andere Erwartung verbunden hatte. Ich hatte ihn für mich zunächst reduziert auf jemanden, der ein Dach über dem Kopf braucht, etwas zu essen und vielleicht noch Geld. Das mag für manche zutreffen, für andere wiederum nicht.

In jedem Fall ist jeder Mensch mehr als meine Vorstellung von ihm. Das hört sich fast so an wie eine jener Alltagsweisheiten von einem Abreißkalender. Aber so ist es: Menschen sind immer anders als mein Bild von ihnen. Das habe ich in den Monaten des intensiven Zusammenlebens mit Geflüchteten, aber auch mit Ehrenamtlichen und Mitarbeitern von Behörden unzählige Male erlebt. Vielleicht gehört diese fast banal wirkende Weisheit mit zu den größten Herausforderungen für ein neues Wir. Ein neues Wir wird dann entstehen, wenn wir alte Bilder und Einteilungen loslassen – ja, vielleicht sogar manche Begriffe aus unserem Wortschatz entlassen.

Gerne überrasche ich deshalb bei Kundgebungen oder Bürgerversammlungen inzwischen die Zuhörenden mit dem Satz: „Ich kenne keine Flüchtlinge." Einer meiner syrischen Freunde, den ich bei seiner Ankunft in Würzburg traf, sagt hin und wieder schmunzelnd, wenn er auf der Straße eine geschlossene Gruppe von Geflüchteten sieht: „Ich mag keine Flüchtlinge." Was er nicht mag, ist die Zuschreibung, die sich damit verbindet. Und vielleicht sogar noch mehr: Er will als einzelner Mensch gesehen und nicht unter dem Oberbegriff „Flüchtling" abgeheftet werden. Auch das ist ein Grund, warum ich diesen Begriff bewusst kaum mehr verwende: weil er eine Gruppe festlegt, die so für mich nicht mehr als Gruppe existiert. Die Menschen, die nach Deutschland kommen, sind viel zu unterschiedlich, als dass dieser Begriff hilfreich wäre, um ihren Bedürfnissen wirklich gerecht zu werden.

Immer mehr verstärkt sich in mir die Erfahrung: Ich kenne tatsächlich keine Flüchtlinge, aber ich kenne Mohammad, Rawad, Nazir, Obaida, Yaman und Assef. Ich kenne

Qusai, Oula und viele andere Menschen, die gemeinsam haben, dass sie in Deutschland Schutz suchen. Aber das ist dann fast schon alles an Gemeinsamkeit.

Klischees und Vorurteile gegenüber Menschen auf der Flucht können sehr kränkend und verletzend sein und Verzweiflung bei den Betroffenen erzeugen. Ich kann es kaum ertragen, wenn sich Menschen, die ich seit Monaten kenne, auf einmal nach einem Anschlag in Paris oder Brüssel oder nach den Übergriffen in der Silvesternacht in Köln in einer Schublade vorfinden, gemeinsam mit Terroristen oder anderen Straftätern.

Mich treibt um, dass unsere Gesellschaft junge Geflüchtete so weit bringt, dass sie sich öffentlich distanzieren und entschuldigen für Straftaten, die sie nicht begangen haben. Ich dachte, wir sind ein Rechtsstaat, der weder Sippenhaft noch Kollektivschuld kennt?

Mich treibt um, wie diese jungen Menschen aus Syrien nun mit Rosen in den Händen auf unsere Straßen und Bahnhöfe gehen, um deutsche Gemüter zu beruhigen und davon zu überzeugen, dass sie keine potenziellen Vergewaltiger sind. Tausende Geflüchtete sind im Mittelmeer ertrunken. Wer von uns geht auf die Straßen von Aleppo, Damaskus und Homs und verteilt Rosen, um die Gemüter der Trauernden zu beruhigen und sie davon zu überzeugen, dass wir keine potenziellen Mörder sind oder dass wir uns nicht der unterlassenen Hilfeleistung schuldig gemacht haben? Wer von uns entschuldigt sich bei den jungen Leuten mit einer Rose in der Hand für die Menschenrechtsverletzungen, die sie auf ihrer Flucht im EU-Land Ungarn erleben mussten?

Mich treibt um, dass zunehmend Politiker quer durch die Parteien mit Verdächtigungen gegenüber Geflüchteten die Gesellschaft weiter spalten, anstatt sie zu einen. Wir werden dieses Land nur gemeinsam mit Geflüchteten gestalten, nicht gegen sie!

Mich treibt um, dass immer häufiger davon die Rede ist, das Asylrecht biete den Geflüchteten „Gastrecht" und dass ihnen gedroht wird, sie könnten dieses verlieren wie ein Gast, der sich danebenbenimmt und den man deshalb rauswirft, weil er in Ungnade gefallen ist. Nein! Das Asylrecht ist keine Gnade, die netten Gästen zukommt. Das Asylrecht wurde im Grundgesetz verankert als Schutzpflicht unseres Staates gegenüber Verfolgten und Schutzbedürftigen! Es ist ein hohes Gut und kein Fehler im System, dass diese Schutzpflicht auch für jene gilt, die straffällig geworden sind und denen in ihrem Herkunftsland Gefahr droht.

Mich treibt um, dass politisches Reden und Handeln zunehmend wie besinnungslos der Logik des Terrors zu gehorchen scheinen. Denn es ist die Logik des Terrors, nach der Menschen verschiedener Religionen oder Kulturen angeblich nicht miteinander leben können. Der IS triumphiert bei jeder populistischen Äußerung aus Politikermund, der

Islam gehöre nicht zu Deutschland. Der IS triumphiert bei jedem Geflüchteten, der sich wegen seiner Herkunft oder Religion in unserem Land unerwünscht fühlt.

Ich erhoffe mir im politischen Reden und Handeln sich gegenseitig überbietende Ideen, wie man das Ankommen von Menschen in unserer Gesellschaft verbessern kann. Wir werden den Terror doch nur besiegen, wenn wir uns seiner Logik der Trennung und gegenseitigen Verdächtigungen versagen und besonnen die Einheit unter den Menschen betonen und fördern – ganz gleich welcher Herkunft und Religion!

Ein junger Mann erzählt mir, dass der IS am Vortag seiner Familie das Haus weggenommen habe. Aber es sei ja nur ein Haus und er und seine Familie seien am Leben und das sei das Wichtigste. Am nächsten Tag erlebe ich ihn auf einmal ganz anders. Seine Zuversicht ist wie weggefegt. Nicht etwa, weil ihn neue schlimme Nachrichten aus der Heimat erreicht haben. Nein, hier in Deutschland scheint es für einen Augenblick so, als habe ihn der IS nun besiegt.

Er und sein Freund erzählen davon, dass sie endlich eine Zusage für eine Wohnung hatten. Es ging nur noch darum, den Mietvertrag zu unterzeichnen. Dann kamen die Anschläge in Brüssel dazwischen. Die Vermieterin, die eigentlich offen gegenüber Geflüchteten ist, zog ihre Zusage – auch auf Druck ihres Umfeldes – zurück. Verwandte hätten ihr angesichts der Ereignisse von Brüssel gesagt, sie solle doch nicht so unvorsichtig sein, sich zwei junge Muslime ins Haus zu holen.

Welch absurde Situation! Junge Leute, die vor dem Terror des IS nach Deutschland geflohen sind und die kurz zuvor erfahren haben, dass ihrer Familie von den IS-Milizen das eigene Haus weggenommen wurde, erhalten hier eine Absage für eine Wohnung, weil man sie für mögliche IS-Terroristen hält. Sie wirken für einen Moment auf mich, als hätte sie der IS in Deutschland eingeholt. Und so verwundert es mich nicht, dass ich nur eine kurze, bitter ironische Nachricht erhalte, als ich mich wenige Tage später bei ihnen erkundige, ob sie bei der nächsten Wohnungsbesichtigung erfolgreich gewesen seien: „Nein. Dank IS. Wieder eine Absage."

Das sind vielleicht die schwersten Momente dieser Monate – Augenblicke, in denen ich spüre, wie sich nicht nur Unverständnis und Wut, sondern tiefe Traurigkeit über Menschen legt, weil sie nicht als Menschen gesehen werden, sondern als potenzielle Terroristen, Vergewaltiger oder Hassprediger. Immer wieder fragen mich Geflüchtete in diesen Situationen fassungslos: „Glauben die Deutschen wirklich, dass wir gefährlich sind? Und glauben die Deutschen wirklich, dass es bei uns normal ist, keinen Respekt vor Frauen zu haben oder gewalttätig zu sein?"

Was soll ich antworten? Ja, es gibt tatsächlich Deutsche, die so von euch denken. Aber es sind eben auch nicht alle

Deutschen! Denn „die Deutschen" gibt es genauso wenig wie „die Flüchtlinge". Manch ein Geflüchteter antwortet mir dann: „Ich schaffe es nicht. Vielleicht ist es besser, ich gehe zurück in den Krieg." Wenn Menschen an diesem Punkt ankommen, fällt es auch mir selbst so unglaublich schwer, Zuversicht auszustrahlen oder für mich den Glauben daran zu behalten, dass ein Zusammenleben gelingen kann. Was muss in einem Menschen vorgehen, der daran denkt, lieber wieder in eine für ihn lebensgefährliche Situation zurückzugehen, als hier in Deutschland zu bleiben?

Ich versuche mich gerade dann an einem Gedanken festzuhalten, den ich von einer Tagung mit dem israelischen Psychologen Haim Omer mitgenommen habe. Mit seinem Prinzip der „Neuen Autorität" hat er vor allem in der Pädagogik großen Widerhall gefunden. In diesem Konzept, das versucht, Eltern und Pädagogen im Umgang mit schwierigen Situationen starkzumachen, gibt es eine Haltung, die es nach seiner Überzeugung gerade in überfordernden Konfliktsituationen einzuüben gilt. Es ist die Haltung, die sich in dem Satz ausdrückt: „Ich bleibe da, auch wenn es schwierig wird! Und ich werde nicht allein bleiben!" Wie oft habe ich mir diesen Satz in den vergangenen Monaten gesagt, wenn mir eher danach zumute war, wegzulaufen oder aufzugeben, weil mich und andere der Mut verlassen hat.

Und während ich mir diese Haltung immer wieder bewusst als Anker heranziehe, leben sie andere unbewusst und ganz selbstverständlich. Ich kenne so viele Menschen, die als Ehrenamtliche ähnliche Enttäuschungen erlebt haben oder die es kaum aushalten, in enttäuschte und mutlos gewordene Gesichter zu blicken, die den Kampf gegen Vorurteile zu verlieren scheinen. Und sie sind geblieben. Sie drücken aus: Ich bleibe, weil ich dich als Mensch kenne und weil du mir wichtig bist. Welch eine Herausforderung für ein neues Wir! Sich nicht aufspalten und trennen zu lassen. Im Gegenteil: Mit jedem Terroranschlag und jeder fremdenfeindlichen Attacke hier in Deutschland scheint es mir wichtiger zu werden, sich nicht trennen zu lassen, sondern noch näher zusammenzustehen.

Das bedeutet nicht, dass ich nicht auch persönliche Enttäuschungen oder Verärgerung über das Verhalten mancher Geflüchteter zu verarbeiten hätte. Aber dies nicht, weil sie zu einer bestimmten Gruppe dazugehören, sondern weil ich in ihnen ganz normalen Menschen begegne – und zu diesen Begegnungen gehören Erfahrungen in allen Schattierungen.

Übrigens ist es nicht nur eine Herausforderung für die hier Geborenen, sich von Bildern und Klischees zu verabschieden, um den Menschen dahinter zu entdecken. Auch für Menschen auf der Flucht ist das nicht immer ganz einfach. Das zeigt mir eine kurze, aber aufschlussreiche Begegnung, in der es zunächst einmal wieder um den vermeintlich ersten Winter und um die neue Erfahrung mit dem Schnee geht.

Ich bin vor meinem Haus auf der Straße mit meinen beiden syrischen Gästen zu Fuß unterwegs, als ich eine jüdische Bekannte mit ihrem Ehemann auf mich zukommen sehe. Wir wünschen uns gegenseitig ein gutes neues Jahr, die Bekannte, die in einem arabischen Land geboren ist, spricht ein paar Worte auf Arabisch mit den beiden Syrern. Ihr Ehemann, in Deutschland geboren, fragt die beiden Syrer danach, wie es ihnen in ihrem ersten deutschen Winter so ergehe. Das kennen wir schon. Die beiden antworten geduldig und lächelnd – nicht ohne mir dazwischen verschmitzt zuzuzwinkern. Als sich unsere Wege nach der kurzen Begegnung trennen, sagen die beiden jungen Leute zu mir: „Burkhard, das ist zwar nicht unser erster Winter, dafür war das aber tatsächlich die erste Jüdin, mit der wir jemals gesprochen haben. Die ist ja nett. Wir würden sie gerne wiedertreffen." Anschließend unterhalten wir uns über das Bild, das in Syrien von Israel vorherrscht. Wir sprechen darüber, dass es wichtig ist, erlernte Vorurteile in Frage zu stellen und abzulegen. Schließlich sind in Deutschland lebende Juden nicht verantwortlich für die Politik der israelischen Regierung, die man kritisieren kann. Und wir reden über die Ängste von Teilen der jüdischen Gemeinschaft in Deutschland vor den muslimischen Zuwanderern. Wir sind uns einig: Es ist ein langer Weg, Ängste und Vorurteile abzubauen. Aber wenn wir wirklich in Frieden zusammenleben wollen, dann müssen wir einander die Chance geben, dass wir uns gegenseitig kennenlernen.

Das neue Wir entsteht in Begegnung, in der Neugier und dem echten Interesse am anderen Menschen und hin und wieder auch mit der für manchen überraschenden Einsicht, dass Muslime nicht unbedingt Terroristen sein müssen, Juden nett sind und es in Damaskus mitunter mehr Schnee gibt als in Würzburg.

5

MEIN HERZ SPRICHT ARABISCH

Es ist ein lauer Sommerabend. Wir sitzen vor dem Zelt und rauchen – wie so oft. Mit Eröffnung der Notunterkünfte habe ich tatsächlich mit dem Rauchen angefangen. In Maßen und harmlos, aber trotzdem zur Verwunderung meiner bisherigen Umgebung. Wir – das sind Mohammad, Rawad, Assef und einige andere, die ich hauptsächlich über die Raucher-Gespräche kennengelernt habe und die mir zu Freunden geworden sind. Früher habe ich immer etwas mitleidig auf diese Grüppchen vor Restaurants oder öffentlichen Gebäuden herabgesehen, die sich dort rauchend versammelten. Inzwischen weiß ich, dass in diesen Runden manchmal die intensivsten Gespräche stattfinden – vielleicht, weil man dort nicht sprechen muss. Auch in den Notunterkünften ist es oft die schnellste Möglichkeit, in Kontakt zu kommen, ohne viel reden zu müssen.

Also sitzen wir auf einer Bierbank vor dem Zelt und trinken Tee, rauchen und wechseln zwischendurch einige

Worte auf Englisch. Ein paar Meter entfernt sitzt ein junger Mann aus der Ukraine. Er ist erst vor wenigen Stunden im Zelt angekommen. Er spricht weder deutsch noch englisch, geschweige denn arabisch. Mohammad sieht ihn dort sitzen, winkt ihn zu uns heran und bietet ihm eine Zigarette an. Der traurige Mann aus der Ukraine sitzt jetzt neben uns und raucht mit uns. Für einen Augenblick schaut er nicht mehr ganz so einsam und traurig aus. Wir verstehen uns.

Immer wieder tönen aus unterschiedlichen Richtungen aus dem Zelt oder über den Platz Wortfetzen in deutscher Sprache. Ich höre eigentlich nur die Worte „Ausweis" und „Transfer" – manchmal kann ich diese beiden Worte schon nicht mehr ertragen! Und die sie aussprechen, kommen mir vor wie ferngesteuerte Automaten, die inmitten arabischer Sätze oder eingestreut in ihre Muttersprache diese Worte leblos und mechanisch mittransportieren. Ich mag diese Begriffe nicht mehr – vielleicht auch, weil ich weiß, dass einerseits an dem Wort „Ausweis" zu viel Erwartung hängt oder weil andererseits der Begriff „Transfer" Schrecken verbreitet.

Ich denke für einen Moment an die bitteren Zeilen von Bertolt Brecht, die er im Jahr 1940/41 schrieb, als er selbst Flüchtling war: „Der Paß ist der edelste Teil von einem Menschen. Er kommt auch nicht auf so einfache Weise zustand wie ein Mensch. Ein Mensch kann überall zustandkommen, auf die leichtsinnigste Art und ohne gescheiten Grund, aber ein Paß niemals. Dafür wird er auch anerkannt, wenn er gut ist, während ein Mensch noch so gut sein kann und doch nicht anerkannt wird."[3]

Was für eine bittere Wahrheit, die sich für mich genau darin ausdrückt, wie sich deutsche Sprache und Geflüchtete heute in Deutschland begegnen. Verschiedene deutsche Bezeichnungen für Ausweisdokumente sind häufig die ersten deutschen Laute, die mir entgegenschlagen, wenn ich Zelte oder Hallen betrete – direkt gefolgt von „Antrag" und „Bescheid". Darüber und über die Gefühle, die sich in uns dabei regen, spreche ich mit den jungen Leuten, die rauchend neben mir sitzen und mit denen ich mich ganz gut auf Englisch unterhalten kann.

Und auf einmal fangen wir gemeinsam an zu träumen – von einem Land mit einem neuen Wir, ohne Grenzen, ohne Gewalt und ohne Gefängnisse. Wir sind uns schnell einig: Natürlich bräuchten wir für dieses Land, in dem es sich im Frieden einfach gut leben ließe, auch eine eigene Sprache, in der wir uns alle verständen. Wir überlegen, welche Worte wir als erstes aus der neuen Sprache streichen würden. „Ausweis" und „Transfer" kämen in dieser Sprache nicht vor, das steht schnell fest. Es ist nur ein Traum – aber ein schöner und verbindender!

Mich macht es manchmal traurig, dass Menschen, die neu in Deutschland sind, nicht mit anderen Worten hier

3 Bertolt Brecht: Flüchtlingsgespräche, Suhrkamp 2000.

ankommen und in die Sprache hineinfinden können. Ich weiß, es sind nur Worte. Aber Sprache prägt Menschen, und die ersten Worte, die Menschen in der Sprache einer neuen Umgebung lernen, hinterlassen ihre Spuren in der Seele. Ausgerechnet Begriffe aus dem Behördendeutsch sind es aber, die im Leben der Geflüchteten Spuren hinterlassen und sie in ihrem Erleben auf reine Objekte behördlichen Handelns reduzieren.

Hin und wieder scherzen wir gemeinsam über die deutsche Sprache. Ein junger Mann, der mir ab und zu Gedichte auf Arabisch vorträgt und leidenschaftlich gerne singt, meint augenzwinkernd: „Sogar wenn ich sage ‚Ich liebe dich‘, klingt das im Deutschen hart wie eine Kriegserklärung." Menschen, deren Sprache oft viel lyrischer ist als das Deutsche, voll von Beziehungsvokabeln und reich an emotionalen Wendungen, stolpern mit Bürokratiedeutsch auf den Lippen durch die Notunterkünfte. Sie sind wie einsame Wanderer zwischen den Welten – lost in translation.

Manche verlieren dabei sogar regelrecht ihre Sprache. Sie verstummen. Ein Mann aus Syrien hat sich auf seinem Stockbett regelrecht verbarrikadiert und das Sprechen eingestellt. Er sagt mir, er werde auch mit mir erst wieder reden, wenn er so gut deutsch sprechen könnte, dass er mir sagen kann, was ihn wirklich bewegt. Sein Herz sei voll, aber er finde keine Sprache dafür. „Das, was in meinem Herzen ist, kann ich einfach nicht sagen." Ich erahne es nur: Er hat Heimweh, macht sich Sorgen um seine Familie in Syrien, sehnt sich nach Freunden und bringt nur dieses dürre deutsche „Wie geht es dir?" über die Lippen – und natürlich „Ausweis" und „Transfer".

Ich bin immer wieder wütend in diesen Tagen im Herbst 2015. Freiwillige Helfer beginnen Deutschkurse in Zelten und Hallen – manchmal unter den argwöhnischen Blicken der Behörden –, immer wieder auf der Suche nach Unterrichtsräumen. Studierende kaufen von ihrem eigenen wenigen Geld Material, um Geflüchtete zu unterrichten. An Bierbänken in Hallen oder im Freien. Junge und alte Menschen sitzen in dichten Menschentrauben um die freiwilligen Helfer. Sie jagen fast gierig jedem deutschen Wort nach, löchern mich mit Fragen zur deutschen Grammatik, sobald ich das Zelt betrete. Sie wissen: Alles hängt für sie an der Sprache.

Spätestens bei Behördengängen wird das in aller Härte für sie spürbar. Natürlich gibt es Unterschiede zwischen einzelnen Behörden. Aber immer noch gibt es zu viele deutsche Amtsstuben, in denen Menschen angeschnauzt werden: „Hier wird Deutsch geredet!" Oft ist diese Ansage verbunden mit einem Anheben der Stimme, als sei das Gegenüber schwerhörig. Es gibt immer noch deutsche Behörden, die nur mit ehrenamtlichem „Begleitschutz" begehbar sind. Eine erschütternde Wahrheit in dem Land, in dem das Wort „Schreibtischtäter" zu den dunkelsten Vokabeln zählt.

Bei einem Gang durch eine Bahnhofshalle mische ich mich in ein Gespräch ein, das zwei Sicherheitskräfte mit einem jungen Mann aus Nordafrika führen. Sie behandeln ihn vor den peinlich berührten vorbeigehenden Passanten wie einen Verbrecher. Er versteht offensichtlich kein Deutsch. Trotzdem reden die beiden laut in Deutsch auf ihn ein. Sie duzen ihn und sprechen selber in gebrochenem Deutsch – als ob das die Verständigung verbessern würde. Als ich auf die Gruppe zugehe und freundlich frage, warum die Beamten so schreien und warum sie den jungen Mann duzen, bekomme ich in barschem Ton zur Antwort: „Gehen Sie weiter, wenn Sie keine Schwierigkeiten bekommen wollen!" Einer der Beamten sagt mir dann immerhin erklärend, dies sei eine Ausweiskontrolle. Ich spreche den jungen Mann in freundlichem Ton an: „You have passport?" Daraufhin zeigt er bereitwillig den beiden seinen Ausweis und die angespannte Situation löst sich schnell auf. Allerdings bin ich mir für einen Augenblick nicht mal so sicher, ob die Entspannung im Sinne der kontrollierenden Polizeibeamten war.

Ist das Verstehen vielleicht manchmal gar nicht gewollt? Beinahe jeden Tag halten mir Geflüchtete amtliche Briefe unter die Nase, mit der Bitte, ich möge die Schreiben wenigstens ins Englische übersetzen. Oft muss ich sagen, dass ich es nicht übersetzen kann, weil auch ich das Behördendeutsch nicht immer verstehe. Ungläubige Blicke sind die

Reaktion und manchmal ein trauriges Seufzen: „Wie soll ich hier jemals leben können?"

Warum tut man in diesem Land nicht alles, um Verstehen zu erleichtern? Warum immer und immer wieder diese sprachlichen Barrieren, die Menschen das Ankommen erschweren? Ich höre immer wieder das Vorurteil, Flüchtlinge wollten nicht lernen oder seien wahrscheinlich ohnehin integrationsunwillig. Ehrenamtliche und auch ich würden sie mit Bildungsangeboten zu sehr „verhätscheln" und überhaupt lohne sich der Aufwand doch nicht für Menschen, die man letztlich nicht hier im Land behalten wolle.

Inzwischen hat sich zwar die offizielle Einstellung zum Thema Sprache etwas verbessert. Und trotzdem kommt es mir so vor, als müsste man immer noch Überzeugungsarbeit leisten, um so manchen politischen Verantwortungsträgern klarzumachen: Die Vermittlung der Sprache ist die wichtigste Investition, um den Menschen das Ankommen in Deutschland zu ermöglichen und ein Zusammenwachsen zu einem neuen Wir zu fördern. Viele ehrenamtliche Initiativen tun dies immer noch in unzähligen Angeboten, während staatlich organisierte Kurse nach wie vor viel zu schwerfällig und bürokratisch auf die Geflüchteten zukommen.

Hier darf nicht gespart werden, wenn es die Politik ernst mit dem meint, was „Integration" genannt wird. Neue Konzepte, die auch die Lebenswelt der Ankommenden, ihre bisher gewohnte Art der Verständigung und auch die Traditionen ihrer Herkunftssprachen in die Vermittlung der deutschen Sprache integrieren, sind notwendig.

Die Fantasielosigkeit mancher Konzepte in offiziellen Sprachkursen ist eigentlich nur mit dem Unwillen zu erklären, tatsächlich Menschen Spaß an der Sprache zu vermitteln. Wie wichtig wäre es, ab dem Tag der Ankunft Menschen spüren zu lassen: Wir wollen uns verstehen und die aufnehmende Gesellschaft tut alles dafür, dass dieses Verstehen gelingt.

Dabei kann jeder Geschichten davon erzählen, wie die Grenzen des Verstehens manchmal ganz anders verlaufen, als erwartet. Immer häufiger erlebe ich Nichtverstehen bis hin zur Sprachlosigkeit an Stellen, an denen ich das bisher noch nicht so wahrgenommen hatte. Und diese Erfahrungen haben vordergründig erst einmal nichts mit dem fehlenden deutschen Vokabular zu tun.

Ich sitze bei einer Besprechung mit einem hochrangigen Regierungsmitarbeiter, um gemeinsam mit der Universität einen studienvorbereitenden Sprachkurs für geflüchtete Studierende anzubahnen. Ich erzähle davon, wie motiviert die jungen Leute sind, die unbedingt in Deutschland weiterstudieren wollen, nachdem ihre Heimatuniversitäten zerbombt sind und sie fliehen mussten. Wahrscheinlich erzähle ich zu viel von Schicksalen, jedenfalls schlägt mir in diesem

Augenblick fast ein mitleidiges Unverständnis entgegen. Der Vertreter der Regierung spricht von der Umsetzung behördlicher Vorschriften, ich spreche von Erfahrungen mit Menschen. Es ist, als würden wir in unterschiedlichen Sprachen reden. Eine Übersetzung scheint unmöglich.

Wie oft habe ich erlebt, dass freiwillige Helfer von genau diesen Situationen berichten. Sie beklagen die mangelnde Kommunikation zwischen Ehrenamtlichen und Behörden, sie berichten von Missverständnissen und Sprachlosigkeit. Und sie erleben, dass auf unterschiedlichen Ebenen gesprochen wird. Verstehen setzt eben mehr voraus, als nur die gleiche Sprache zu beherrschen.

Die augenblickliche Situation könnte, positiv betrachtet, dazu beitragen, sich in unserer Gesellschaft intensiv damit zu befassen, wie gegenseitiges Verstehen gelingen kann. Spracherwerb und Verständnis im weiteren Sinn lassen sich für mich dabei immer weniger voneinander trennen. Verständnis beginnt mit dem echten Interesse an Menschen, denen ich begegne – ganz gleich, ob in Flüchtlingsunterkünften oder hinter Behördenschreibtischen. Ohne das gegenseitige Verstehenwollen ist der Erwerb der deutschen Sprache nichts wert. Umgekehrt fällt es beiden Seiten leichter, sich auch sprachlich zu verständigen, wenn ein tieferes Verstehenwollen bereits vorhanden ist.

Das erlebe ich mit Yaman. Ich kenne ihn seit vielen Monaten. Mit knapp 19 Jahren ohne Familie in Deutschland gelandet, jagt er dem Leben hinterher, hat viele deutsche Freunde und redet einfach drauflos. Manchmal stürzt er freudig auf mich zu, spricht einen Satz, der aus wenigen deutschen Silben, aber umso mehr arabischen Wendungen besteht. Und ich antworte auf Deutsch.

Oft passiert es, dass andere seiner Landsleute um uns herum stehen und mich fragend anschauen. „Wie hast du das verstehen können, was er sagt? Du hast genau richtig geantwortet, obwohl er eigentlich nur arabisch gesprochen hat." Mir fällt nichts anderes ein, als zu antworten: „Mein Herz spricht arabisch." Und alle verstehen, was ich meine. Ab und zu sage ich auch einfach: „Sprechen wir mal wieder Yaman", als handle es sich dabei um eine Sprache. Dann lachen wir und sprechen Yaman.

Ich verlange nicht von Behörden, dass sie „Yaman" lernen, aber vielleicht erhoffe ich mir ein bisschen mehr Respekt vor den vielen Menschen in unserem Land, die diese Sprache schon beherrschen. Das ist ein großer Reichtum der letzten Monate: So viele Menschen in Deutschland bemühen sich um dieses Verstehen, verbringen unzählige Stunden, um mit Händen und Füßen vom Leben zu erzählen.

Zum Glück gibt es auch viele urkomische Situationen, die dann entstehen, wenn sich Menschen mögen, aber noch nicht die gleiche Sprache sprechen. Mich erreicht eine Nachricht auf WhatsApp mit der Bitte, ich solle doch ganz

schnell den Unterschied zwischen Nachtisch und Nacht-
tisch erklären, es gebe da offensichtlich gerade ein Missverständnis in einer Unterhaltung. Ein anderer Geflüchteter hat es sich zum Sport gemacht, mit mir zusammen
ein Lexikon besonderer deutscher Begriffe zu erstellen, mit
denen er in Unterhaltungen seine Gesprächspartner gerne
überrascht und die in seinen Ohren möglichst deutsch klingen müssen. So schicke ich ihm regelmäßig neue Wörter
wie „Schneeballschlacht" oder „Schlaumeier". Zu unseren
gemeinsamen, nahezu unschlagbaren Favoriten zählt inzwischen „Asylbewerberleistungsgesetzdurchführungsver-
ordnung".

Manchmal komme ich mir vor, als bewegte ich mich in
den letzten Monaten zwischen babylonischer Sprachenver-
wirrung und Pfingstwunder. Mitunter am selben Tag erlebe
ich tiefes Missverstehen, Sprachlosigkeit und trauriges Verstummen zwischen hier Geborenen und Geflüchteten, zwischen Ehrenamtlichen und Behörden und manchmal auch
unter Geflüchteten, die zwar die gleiche Sprache sprechen,
aber sich nichts zu sagen haben. Und dann gibt es diese
Momente, in denen eigentlich nur noch fehlt, dass sich wie
in der Pfingsterzählung Feuerzungen auf unsere Köpfe sen-
ken und sich ein Hörwunder einstellt – wenn wir von Herz
zu Herz „Yaman" sprechen oder wenn ich erlebe, wie ein
Mitarbeiter einer Behörde sein Amtsdeutsch unterbricht.
Ich entdecke in seinen Augen Tränen, als er mir davon er-

zählt, wie sehr auch ihm manche Abschiebung zu schaffen macht. Und für ein paar Sekunden sprechen wir die gleiche Sprache.

Warum verstehen wir uns auf einmal? Weil sich wenigstens für einige Sekunden zwei Menschen begegnen und einander als Menschen wahrnehmen. Weil der Mensch, der in einer Behörde arbeitet, sich für einen kurzen Augenblick einem Menschen öffnet, der sich für Geflüchtete engagiert. Und auch hier geht es – wie bei der Begegnung von Geflüchteten und hier Geborenen – letztlich darum, erst einmal Angst voreinander abzubauen und sich nicht hinter der Mauer gegenseitiger Verdächtigungen zu verbarrikadieren.

Es gelingt nicht immer, aber ab und zu mache ich dieses „Experiment". Ich sage mir vor einem schwierigen Gespräch: Sieh immer erst den Menschen, mit dem du sprichst – bevor du den Flüchtling, die Mitarbeiterin einer Behörde oder den Polizeibeamten siehst.

6

EINE GESELLSCHAFT AM SCHEIDEWEG

In meinem Briefkasten liegt eine Postkarte mit der Aufschrift „Wer Deutschland nicht liebt, soll Deutschland verlassen". Darunter ist eine Fotomontage zu sehen, die ein mit Menschen voll besetztes Boot zeigt. Am unteren Bildrand lese ich „Gutschein für die Ausreise aller Überfremdungsbefürworter Richtung Afrika".

Ich bin nicht der Einzige, der in diesen Tagen eine solche Postkarte erhält. Viele Menschen, die sich für Geflüchtete engagieren und gegen Rechtsradikalismus und Fremdenfeindlichkeit aufstehen, sind unter den Adressaten. Wir alle werden auf dieselbe Weise von Anhängern einer rechtsradikalen Vereinigung persönlich angeschrieben und aufgefordert, Deutschland zu verlassen. Natürlich, die Botschaft ist als Provokation gedacht. Sie soll einschüchtern.

Ich will den Absendern diesen Gefallen nicht tun. Ich lasse mich davon nicht beeindrucken. Trotzdem: Unvorbereitet überfällt mich zum ersten Mal in meinem Leben diese düstere Frage: Kannst du dir eine Situation vorstellen, die dich dazu zwingen könnte, Deutschland unfreiwillig zu verlassen? Ein eigentlich absurder Gedanke, weil ich weder verfolgt noch diskriminiert werde. In dem Land, in dem ich lebe, ist Frieden. Ich habe ein geregeltes Einkommen und fühle mich sicher. Warum meldet sich diese Frage in mir zu Wort und taucht mich für einen Augenblick in eine Traurigkeit, die ich so nicht von mir kenne?

Es gibt keinen wirklich vernünftigen Grund, mich mit der lebensbedrohlichen Situation von Menschen zu verbinden – geschweige denn zu vergleichen –, die tatsächlich aus politischen Gründen ihre Heimat verlassen müssen oder gewaltsam aus ihrem Land vertrieben werden. Aber jetzt ist er da, der Gedanke, und er erschreckt mich.

Vielleicht ist es diese unbestimmte Befürchtung, die mich angesichts der Wahlerfolge von Rechtspopulisten immer wieder heimsucht. In den Tagen zuvor haben die AfD und andere Parteien, die gegen Geflüchtete und gegen Muslime Stimmung machen, hohe Stimmengewinne bei Wahlen erzielt. Es ist die ernste Sorge, die ich tatsächlich bisher noch nie in diesem Ausmaß bei mir wahrgenommen habe, die Stimmung in Deutschland könnte sich so weit verändern, dass Rechtspopulisten in Regierungsverantwortung kämen. Mit all den Folgen, die eine solche Entwicklung für Geflüchtete und für deren Unterstützer nach sich ziehen würde. Ich erschrecke fast ein bisschen über mich selbst.

Jetzt bloß keine Angst entwickeln! Ich verdränge die düsteren Gedanken schnell aus meinem Kopf, aber es ist so, als ließen sie sich – einmal gedacht – nicht mehr vollkommen von meiner gedanklichen Festplatte löschen.

Kann es sein, dass tatsächlich irgendwann die Stimmung kippt und ein Leben für manche Menschen in diesem Land nicht mehr möglich ist, weil der Hass gegen sie überhandnimmt? Kann es sein, dass die Willkommens-Stimmung im August 2015, jene bewegenden Bilder von Menschen an den Bahnhöfen in München und anderswo, doch nur ein Sommermärchen waren, ein Trugbild? Vielleicht schafft es die deutsche Gesellschaft ja tatsächlich nicht – aus welchen Gründen auch immer? An mir selber merke ich, wie solche Momente der Angst mich lähmen.

Das Nachdenken darüber, ob der Weg, für den ich mich gemeinsam mit anderen entschieden habe, in unserer Gesellschaft mehrheitsfähig ist, ist wichtig für mich. Und auch die Selbstzweifel gehören auf diesem Weg immer wieder dazu. Überfordern wir womöglich die Menschen in diesem Land mit unserer Vorstellung von einem gelingenden Zusammenleben mit Geflüchteten? Ich glaube, diese Zweifel sind der beste Schutz vor Ideologien, die irgendwann kompromisslos und totalitär werden. Ideologien produzieren Feindbilder und Klischees auf allen Seiten.

Es gibt das Klischee vom „typischen Ehrenamtlichen", der angeblich realitätsfern, mit rosaroter Brille ohne Verstand agiert. Auf der anderen Seite gibt es auch unter den Unterstützern von Geflüchteten Bilder und Meinungen, die sich zu ideologischem Denken verfestigen können. Dieses Denken produziert die einseitige Vorstellung, Menschen in Behörden seien allesamt gefühllose Roboter. Manchmal wünschte ich mir, dass wir diese Gegenüberstellungen durch mehr Zeit zum Nachdenken, durch Empathie und vielleicht auch mit Hilfe des gesunden Selbstzweifels überwinden könnten.

Immer wieder höre und lese ich zum Beispiel, man müsse angesichts der großen Anzahl Geflüchteter den Verstand einschalten, realistisch sein und vernünftig handeln. Damit wird dann die Notwendigkeit von Obergrenzen begründet. Sind Herz und Mitgefühl denn dumm und unrealistisch? Schaue ich auf die europäischen Außengrenzen und darauf, was sich außerhalb unseres unmittelbaren Blickfeldes abspielt, fällt mir dazu nur ein: Schaltet endlich euer Mitgefühl ein und seht die Realität! Hört auf euer Herz und handelt endlich vernünftig! Herz und Verstand sind keine Gegensätze. Empathie macht klug und weitsichtig.

Mit dieser Einstellung scheint man gegenwärtig in Deutschland keine Mehrheiten zu gewinnen. Zu sehr bestimmt die Angst vor Überfremdung und dem Verlust des Wohlstands die Politik. Und diese Politik gilt gemeinhin als vernünftig. „Wir können ja schließlich nicht alle aufnehmen" oder „Die Möglichkeiten zu helfen sind begrenzt". Auch die

Gegenseite erliegt hin und wieder dieser Logik, wenn z. B. davon gesprochen wird, dass auf 80 Millionen Einwohner in Deutschland ja nur eine Million Geflüchtete kämen. Von Überfremdung könne da nicht die Rede sein, heißt es dann gerne, um die Gegenseite zu überzeugen. Genauso wenig sei ja in einem Raum mit 80 Deutschen mit Überfremdung zu rechnen, wenn ein Ausländer den Raum betrete. Ich mag diese Logik nicht, denn sie reduziert das Thema mit all seinen Herausforderungen auf ein reines Zahlenverhältnis.

Noch mehr bewegt mich aber etwas anderes – vielleicht auch deshalb, weil es mir Angst macht und ich noch keine wirkliche Strategie gefunden habe, mit dieser Angst umzugehen. Immer wieder frage ich mich: Woher kommt dieser Fremdenhass, der sich in Europa immer weiter ausbreitet? Und wie kann es sein, dass ausgerechnet in Deutschland mit seiner Geschichte Rechtspopulisten wieder so stark werden können? Gibt es am Ende sogar die Möglichkeit, dass sich Teile der Geschichte wiederholen? Wann erkennen wir endlich in unserem Land, dass die wesentliche Frage nicht lautet: Wie viele „Fremde" verträgt unser Land, sondern: Wie viel Fremdenhass kann dieses Land noch ertragen?

Längst sind diese Fragen in meinem Leben mehr als intellektuelle Gedankenspiele oder Stoff für abstrakte Diskussionen. So wie das Thema Flucht ein alltäglicher Bestandteil meines Lebens ist und sich mit Namen und Gesichtern von Menschen verbindet, so ist auch das Thema Fremdenhass und Rechtspopulismus näher und damit bedrohlicher an mich herangerückt. Die Spaltung der Gesellschaft spüre ich immer mehr, auch mit ihren Auswirkungen auf mein Leben. Das ist manchmal nur schwer auszuhalten – und das nicht nur, wenn mich Rechtsradikale provokativ dazu auffordern, Deutschland Richtung Afrika zu verlassen.

Nach einer PEGIDA-Demonstration, die ich am Absperrgitter unter den Gegendemonstranten mitverfolgt habe, schreibt mich auf Facebook unter einem Pseudonym ein Teilnehmer der PEGIDA an. Er sagt, er kenne mich von den Demonstrationen und will sich mit mir bei einer der nächsten angekündigten Aufmärsche der Rechtspopulisten treffen. Er bietet mir einen Dialog an. Tatsächlich kommt er nach der Kundgebung auf mich zu – begleitet von zwei weiteren jungen Männern. Er versucht mich mit allen möglichen Zahlen und Fakten, die die Überfremdung der deutschen Gesellschaft belegen sollen, in ein Streitgespräch zu verwickeln. Dann präsentiert er mir seine Ideen von einer Gesellschaft, die sich nicht „durchmische" mit „fremden Rassen" und nur so überlebensfähig sei.

Ich kenne die Argumentation von den sogenannten Identitären, die nach ihrer Verbreitung in anderen Ländern auch in Deutschland immer mehr Zulauf haben. Ich lasse mich nicht auf vermeintliche Sachargumente ein, sondern versuche, den jungen Mann, der angibt, er sei Jurastudent, auf der persönlichen Ebene anzusprechen.

Ich frage ihn, ob er sich gar nicht vorstellen könne, sich in einen Menschen aus einem anderen Land zu verlieben. Für einen Moment verliert er etwas seine Fassung und öffnet sich – wahrscheinlich ungewollt. Das sei ihm tatsächlich passiert, sagt er. In diesem Moment habe ich kurz das Gefühl, wir könnten eine andere Ebene der Verständigung finden. Dann setzt er aber sofort wieder ein fast maskenhaftes Gesicht auf und verkündet, aus Solidarität mit der „Volksgemeinschaft" habe er seine persönlichen Interessen zurückgestellt und sich von der Frau getrennt, in die er sich verliebt hatte und die aus Lateinamerika stammte. Mich friert es bei seiner Antwort, die so fremdgesteuert wirkt und die er vielleicht auch so schnell nachgeschoben hat, weil er mir nicht alleine gegenüberstand, sondern zwei Gesinnungsgenossen an seiner Seite hatte.

Mich schaudert bei dem Gedanken, dass in Deutschland jemand mit diesem Gedankengut Jura studiert und vielleicht eines Tages irgendwo Recht sprechen könnte. Und ich denke an Geflüchtete, die ich schon manchmal bei Verwaltungsgerichtsprozessen begleitet habe und die eines Tages einem Richter mit einer rassistischen Einstellung ausgeliefert sein könnten. Ein erschreckender Gedanke.

Zwei Tage nach unserem Gespräch erhalte ich von dem Studenten noch einmal eine – diesmal sehr kurze – Nachricht auf Facebook. Er schreibt mir, unser Gespräch habe ihm klargemacht, dass ich unbelehrbar sei und eine Gefahr für das deutsche Volk darstelle. Deshalb würde er jetzt den Kontakt abbrechen, denn es bliebe für ihn nur eine Konsequenz: Menschen wie ich müssten bekämpft werden. Als ich ihm zu antworten versuche, muss ich feststellen, dass er sein Profil gelöscht hat. Ich glaube, es ist das erste Mal, dass mir jemand den Kampf ansagt, und ich habe das unangenehme Gefühl, es könnte sich dabei nicht nur um ein sprachliches Bild handeln.

Etwa zeitgleich spricht mich ein Vertreter der Polizei darauf an, ob ich mich denn noch sicher fühle. Und nach einigen öffentlichen Auftritten bei Demonstrationen, über die auch in der Zeitung berichtet wird – mit entsprechenden rechtsradikalen verbalen Angriffen auf mich auf Facebook und auf anderen Plattformen – bekomme ich immer häufiger besorgte Bemerkungen aus meinem Freundeskreis zu hören, ich sollte doch bitte gut auf mich achtgeben.

Was heißt das denn? Für mich hört sich das alles etwas überzogen und zu heroisch an. Ich bin nun wirklich kein Held und wehre mich gegen den Gedanken, ich könnte irgendwie gefährdet sein. Vielleicht auch deshalb, weil es mir dabei so vorkommt, als würde damit von den eigentlich gefährdeten Menschen Aufmerksamkeit abgezogen und unzulässig auf mich umgelenkt. Die eigentlich Gefährdeten in unserem Land sind doch Menschen, die Brandanschlägen auf Flüchtlingsunterkünfte ausgesetzt sind. Und dann ertappe ich mich dabei, dass ich mich beim abendlichen Spaziergang mit meinem Hund immer mal umschaue, um sicher zu sein, dass mir niemand auflauert. Ich ärgere mich über mich selbst und frage mich gleichzeitig, ob ich vielleicht doch die Bedrohung, die in unserem Land vom Rechtsradikalismus und seiner Gewaltbereitschaft ausgeht, unterschätze. Kann es sein, dass auch dieses Thema nicht nur über die Nachrichten und in Diskussionen noch näher an mich persönlich heranrückt?

In einem Fall erlebe ich es – wenn auch auf für mich weniger gefährliche Weise. Bei Demonstrationen gegen Neonazi-Aufmärsche und PEGIDA-Kundgebungen lerne ich immer mehr junge Menschen kennen, die mich beeindrucken. Sie begegnen mir nicht nur auf der Straße, sondern auch in Flüchtlingsunterkünften oder sozialen Arbeitskreisen in der Katholischen Hochschulgemeinde. Sie sind politisch interessiert und machen mir mit ihrem Engagement Hoffnung. Einige von ihnen geraten im Umfeld von Demonstrationen aber auch in Konflikt mit der Polizei oder erhalten zu Hause Besuch vom Staatsschutz.

Als ich davon erfahre, dass vor einem angekündigten Neonazi-Aufmarsch einige junge Leute im Bahnhof die Ankunft der Rechten durch Blockaden verhindern wollen, bin ich vor Ort. Ich habe mich mit einem Kollegen aus dem Sprecherrat des Bündnisses für Zivilcourage entschieden, die Situation im Bahnhof zu beobachten und vielleicht auch mit unserer Präsenz mäßigend zu wirken. Das gelingt uns nicht ganz. Die Polizei trägt einige junge Leute, die sich vor einen Zugang zu einem Treppenhaus gesetzt haben, weg und erteilt uns einen Platzverweis, als wir das Eingreifen der Beamten als unverhältnismäßig hart bezeichnen.

Als die Bahn sie wegen Hausfriedensbruchs anzeigt, kommt es zum Prozess. Der Vorwurf, der neben dem Hausfriedensbruch im Raum steht, ist Widerstand gegen die Staatsgewalt. Die Situation für die jungen Leute ist bedrohlich, zumal es sich bei der Tür, vor der sie saßen, um einen Notausgang handelte. Es sieht nicht gut aus für sie. Einige unter ihnen studieren und wollen später vielleicht in den Staatsdienst gehen.

Bei einer Verurteilung und mit einer Vorstrafe müssen sie um ihre berufliche Zukunft fürchten. Mehrmals sage ich in den Verfahren vor Gericht als Zeuge aus. Und ich verstehe die jungen Leute immer besser. Denn wenige Monate nach dem Vorfall am Bahnhof stellt sich heraus, dass einige der Neonazis, die dort anreisten, der gewaltbereiten rechtsextremen Szene zuzuordnen sind. Dem gegenüber steht die Entscheidung der jungen Leute zum zivilen Ungehorsam, durch den sie in Konflikt mit dem Gesetz geraten sind. Manchmal habe ich in dem Verfahren das Gefühl, als würde seitens der Behörden mehr Energie darauf verwendet, die Gegendemonstranten zu verfolgen als die Neonazis. Mit diesem sehr subjektiven Eindruck mache ich mir nicht unbedingt nur Freunde unter denen, die unerschütterlich von der Objektivität behördlichen Handelns ausgehen.

Aber auch in dieser Situation geschieht wieder etwas, was für eine Unterbrechung in meinem Erleben sorgt. Irgendwie scheine ich mittlerweile solche Erlebnisse anzuziehen. Oder nehme ich sie einfach nur verstärkt wahr?

Auf dem Weg zu einer Gerichtsverhandlung passiere ich die Sicherheitsschleuse am Eingang zum Gerichtsgebäude. Ich bin schon etwas nervös, schließlich bin ich nicht alle Tage zu einer Verhandlung geladen. Das Ritual der Leibesvisitation lasse ich über mich ergehen, es hat aber auch etwas Einschüchterndes an sich – bei aller Notwendigkeit, die hinter dieser Maßnahme steht.

Und dann passiert es. In dem Augenblick, in dem ich mich eigentlich total ausgeliefert fühle, meine Arme zur Seite hin ausstrecke und abgetastet werde, spricht mich der Sicherheitsbeamte an: „Sie gehen doch zu dem Verfahren gegen die jungen Leute, oder?" Als ich etwas irritiert bejahe, fragt er mich weiter, ob ich für oder gegen die Studierenden aussage. Noch mehr irritiert antworte ich sehr zurückhaltend und auch ein bisschen misstrauisch, meine Aussage würde vermutlich eher zur Entlastung der jungen Leute beitragen. Ich drehe mich herum und werde nun –

wie es bei solchen Kontrollen üblich ist – von der Rückseite untersucht. Der Beamte, der jetzt hinter mir steht, fährt fort: „Sagen Sie was Gutes über die jungen Leute. Wir brauchen in unserem Land solche Menschen."

Mit dieser Botschaft im Ohr stolpere ich fast in das Gerichtsgebäude hinein – immer noch ungläubig und verwirrt. Da ist mir doch tatsächlich wieder ein Mensch begegnet, der so gar nicht meinem Bild entsprach, das ich mir vorher gemacht hatte, und der mich davor bewahrt hat, in meinen eigenen Vorurteilen gefangen zu bleiben. Es gibt sie, diese Augenblicke voller Menschlichkeit, die alle Muster durchbrechen – sogar bei einer Leibesvisitation, die für mich so zu einem Ort geworden ist, an dem ich vielleicht auf bisher ungewöhnlichste Art erleben durfte, woraus ein neues Wir bestehen kann. Allmählich entwickelt sich bei mir eine Ahnung davon, was dieses neue Wir bedeuten könnte: Ich erlebe es immer dann, wenn die Begegnung zwischen Menschen dazu beiträgt, dass bei mir und bei anderen Menschen Ideologien und Vorurteile in den Hintergrund treten und Menschen sichtbar werden.

7

NICHT SO VIEL ICH, SONDERN MEHR WIR

„Richterschelte für Burkhard Hose".[4] Als ich morgens beim Frühstück die Zeitung aufschlage und in fetten Buchstaben diese Überschrift lese, glaube ich zunächst, ich hätte mich verlesen.

Tatsächlich hatte der Richter in einem der Verfahren gegen die jungen Leute, die sich den anreisenden Nazis entgegenstellen wollten, in seiner Urteilsbegründung unser zivilgesellschaftliches Engagement und die Solidarisierung mit den Angeklagten kritisiert. Ich fand das schon in der Verhandlung ziemlich seltsam – vor allem störte ich mich an dem Vorwurf des Richters, wir hätten uns „mit Straftätern gemein gemacht" und nicht mit der Polizei solidarisiert, die schließlich Straftaten zu verhindern suche.

Und nun lese ich die für mich fragwürdige Bemerkung des Richters noch einmal schwarz auf weiß in der Zeitung – noch dazu unter dieser reißerischen Überschrift.

4 Main-Post, 25.11.2015.

Mich erschreckt: Auf einmal stehen nicht mehr die Protestierenden im Mittelpunkt, sondern ich mit meiner Haltung. Außerdem ist im Blick auf die jungen Leute mit einer Selbstverständlichkeit von „Straftätern" die Rede, die mich erschüttert – zumal das Urteil gegen sie noch nicht einmal rechtskräftig ist. Gar keine Rolle scheint zu spielen, dass der eigentliche Anlass für die gesamte Aktion der drohende Aufmarsch gewaltbereiter Rechtsextremisten war.

Ich denke in diesem Augenblick an Gespräche zurück, die ich in den vorausgehenden Monaten mit Studierenden geführt habe. Sie klagten darüber, dass sie immer weniger Zutrauen in Polizei und Justiz hätten, weil sie schon zu viele negative Erfahrungen mit den Behörden sammeln mussten. Ob bei Asylverfahren oder in Prozessen gegen Antifaschisten – zu oft hatten sie in ihrem Erleben die Erfahrung machen müssen, die Behörden schützten bzw. verfolgten die „Falschen". Ich habe immer wieder versucht, diesem Eindruck entgegenzusteuern. Und jetzt befürchte ich fast, sie könnten Recht behalten.

Es ist frustrierend! Hat man denn gar nichts gelernt aus den NSU-Morden? Was ist los in dieser Gesellschaft, in der diese jungen Leute, die ich so ganz anders wahrnehme, zu Straftätern erklärt werden? Für einen Moment erinnere ich mich beim Lesen des Artikels an die Situation im Bahnhof, als ich einem Bundespolizisten gegenüberstand, der mich anraunzte: „Ich kenne euch doch, euch Linke!" Jetzt bin ich

also ein „Linker". Und noch dazu einer, der sich „mit Straftätern gemein macht". Ich finde mich in einer Schublade
vor, in die ich nun wirklich nicht hineingehöre.

Irgendwie fehlt mir gerade die Gelassenheit, diese Zu-
weisung wegzustecken. Manchmal ist mir das schon gelun-
gen. Zum Beispiel als wir uns in der Hochschulgemeinde
entschieden hatten, einen jungen Äthiopier ins Kirchenasyl
aufzunehmen. Damit haben wir uns formal gegen geltende
Gesetze gestellt.

Ich habe damals eine Position vertreten, die mir immer wichtiger geworden ist: Wenn es um einen konkreten
Menschen in Not geht, dem der Staat nicht ausreichenden
Schutz zukommen lässt, dann rechtfertigt das ein Kirchenasyl. Das ist vielleicht nicht legal, aber legitim. Diese Argumentation hat nicht nur Zustimmung gefunden. Warum haben mir die kritischen Reaktionen in dieser Situation nicht
so zugesetzt wie heute?

Jetzt fühle ich mich gerade ziemlich einsam, stehe wie
mit dem Rücken zur Wand. Übrigens habe ich im wört-
lichen Sinn genau diese Erfahrung gemacht, als mir im
Bahnhof der Einsatzleiter der Bundespolizei einen Platzverweis erteilte, weil ich die jungen Leute bei der Aufnahme
ihrer Personalien nicht allein lassen wollte. Er verwies mich
einige Meter weiter an eine gegenüberliegende Mauer. Da
stand ich tatsächlich allein mit dem Rücken zur Wand. So
fühlt sich das also an – allein.

Jetzt taucht dieses Gefühl wieder auf. Mein Name steht isoliert in einer Schlagzeile. Irgendwie wirkt mein eigener Name in diesem Augenblick unverbunden mit mir, erst recht ist er unverbunden mit anderen Menschen.

Es folgen in den nächsten Tagen verschiedene öffentliche Stellungnahmen von Parteien und etliche Leserbriefe einzelner Personen zu dem Vorgehen des Richters und zu der Position des „Würzburger Bündnisses für Zivilcourage". Mich erreichen natürlich auch Solidaritätsbekundungen – bei vielen ausgelöst durch ein Missverständnis. Die plakative Überschrift in der Zeitung hat bei nicht wenigen Lesern den Eindruck erzeugt, nicht die jungen Leute, sondern ich sei verurteilt worden. Selbst diese Solidarität vereinzelt mich für einen Moment. Zumindest empfinde ich es so. Schließlich bin ich ja irgendwie auch die falsche Adresse.

Gleichzeitig bricht wieder einmal eine kleine Welle von negativen Zuschriften los, die alles miteinander vermischt: Meine Arbeit mit Geflüchteten und die Verfahren rund um den Vorwurf der Blockade am Würzburger Hauptbahnhof. Die Autoren der Zuschriften werfen mir vor, ich würde mich über geltende Gesetze und über den gesamten Rechtsstaat erheben. Andere schreiben mir, jetzt sehe man, wohin mein „Gutmenschentum" führe. Gegen aufrechte Christen würde ich zu Felde ziehen, linksradikale Straftäter hingegen würde ich unterstützen. Meine Haltung sei ziemlich überheblich und leite das Ende des Rechtsstaates ein – so resümieren andere. Auch aus kirchlichen Kreisen erreichen mich Signale, ich möge mich doch etwas zurückhalten. Schließlich melden sich ehrlich besorgte Stimmen aus meiner Umgebung, ich solle auf mich achten und es nicht übertreiben mit meinem Engagement. Vieles von dem will ich gar nicht mehr so recht hören.

Und dann passieren mir Dinge, die ich vorher nicht so von mir kannte. Ich schlafe schlecht, wache sehr früh auf, komme immer häufiger zu spät zu Sitzungen und verpasse schließlich sogar Termine.

Der Tiefpunkt ist vielleicht ein Sonntag, an dem ich bei Freunden eingeladen bin und mein Handy im Auto liegen lasse. Als ich nach knapp drei Stunden zu meinem Auto zurückkomme, habe ich 30 verpasste Anrufe und etliche Nachrichten auf der Mailbox. Ich habe einen Gottesdienst verpasst, der zwar in meinem Kalender stand, aber einige Male verschoben worden war. So etwas ist mir noch nie passiert. Mir werden die Knie weich, als ich die besorgten Anrufe abhöre. Aus Sorge, mir könnte etwas passiert sein, haben Bekannte sogar die Polizei informiert. Als ich mich dort zurückmelde, nehme ich auch bei der Polizei Erleichterung wahr. Schließlich wisse man ja, dass ich mich gegen Rechtsradikalismus und für Geflüchtete einsetze. Deshalb habe man auch nicht ausgeschlossen, dass mir etwas aus dieser Richtung zugestoßen sein könnte.

Es dauert bis zum Abend, bis alle Wogen wieder einigermaßen geglättet sind. Es bleibt die Scham gegenüber den Menschen, die mit dem Gottesdienst auf mich gewartet haben, die ich enttäuscht habe und die so in Sorge waren. Eigentlich unverzeihlich, so etwas – zumindest in meinen Augen.

Als ich am Abend in die Hochschulgemeinde komme, wirken alle erleichtert. Auch dort war die Polizei schon gewesen, um sich nach mir zu erkundigen. Und mein Team lässt mich wieder einmal spüren, dass Menschlichkeit keine Schwäche ist und Fehler sein dürfen, wenn wir sie miteinander tragen.

Es erreichen mich auch Nachrichten von Geflüchteten. Auch sie hatten irgendwie davon gehört, dass ich für drei Stunden nicht auffindbar war. Und was tun sie? Sie haben inzwischen ein großes Essen für mich vorbereitet, um mich zu trösten und um mir zu zeigen, dass sie sich freuen, dass mir nichts passiert ist. Ich sitze mit ihnen am Tisch und ich spreche darüber, wie peinlich mir das alles ist und was ich tun müsse, um das wiedergutzumachen. Ziemlich unvermittelt unterbricht mich Mohammad und schaut mich mit sehr viel Mitgefühl an, aber seine Stimme klingt auch bestimmt und fest: „Burkhard, nicht so viel Ich, sondern mehr Wir!"

Erst bin ich etwas stutzig, aber eigentlich verstehe ich sofort, was er mir sagen will, auch wenn sein Deutsch noch nicht perfekt ist. Alles lässt sich tragen im Wir – auch die

Fehler, die Überforderung und die Erfahrung, wie weit Selbstüberschätzung oder überzogene Erwartungen an einen einzelnen Menschen führen können. Vielleicht ist das eine meiner großen Lernerfahrungen der vergangenen Monate: dass
ich Menschen erlebe, die in ihrer Tradition Glück, aber auch
Leid viel stärker gemeinschaftlich definieren und erleben.

Ich begegne Geflüchteten, die untereinander oder mit
ihren Familien auf eine ganz besondere Weise verbunden
sind. Das ist mir kaum mehr bekannt. Eine rein individua-
listische Sicht auf Glück und Leid ist für viele meiner neuen
Freunde kaum vorstellbar. „Burkhard, nicht so viel Ich, sondern mehr Wir!" Mit diesem kurzen Satz unterbricht Mohammad ein Muster, das mich bis zu diesem Augenblick
wie gefangen hielt. Obwohl ich die ganze Zeit schon so etwas wie ein neues Wir vor Augen hatte und vor allem auch
davon gesprochen habe, bin ich in meinem Denken und
Handeln, vor allem aber in meinem Fühlen noch nicht wirklich im Wir angekommen. Jetzt spüre ich, dass ein neues
Wir nicht nur das Ziel des Weges ist, sondern der Weg
selbst – mein persönlicher Weg zuerst.

Was für eine Selbstüberschätzung liegt in der Annahme, ich
müsste den einsamen Helden spielen! Diese Rolle ist ver-
führerisch, aber sie passt nicht zu mir. Sie überfordert mich.
Und vielleicht noch viel schlimmer: Sie birgt die Gefahr
in sich, hart zu werden und bitter. Ich will aber für mehr

Menschlichkeit eintreten. Und das geht nur in Beziehung und in Solidarität.

Wer sich als Einzelkämpfer für Gerechtigkeit gefällt, der brennt nicht nur innerlich aus, sondern ich befürchte, der verliert auch schneller das Gefühl für die Menschen um sich herum. Das habe ich wohl für kurze Zeit aus dem Blick verloren, obwohl immer Menschen um mich herum waren, die mir angeboten haben, mit ihnen verbunden zu sein. Solidarität für andere zu fordern, geht nur, indem ich bereits auf dem Weg dahin mit anderen verbunden bin. Nach Manier eines Einzelkämpfers für ein neues Wir einzutreten, ist paradox.

Vielleicht war das auch der wichtige Schlüssel, warum ich während der Zeit des Kirchenasyls Anfeindungen oder Hürden anders wahrgenommen und überstanden habe. Wir haben uns im Vorfeld des Kirchenasyls viel Zeit genommen, im Team und mit Studierenden in der Hochschulgemeinde diesen Schritt vorzubereiten und auch für die Konsequenzen gemeinsam einzustehen. Es war dieses Wir, das nichts martialisch Kämpferisches an sich hatte, sondern das einsteht für Humanität und selbst auch mitmenschlich bleibt. Wir haben zusammen das Kirchenasyl getragen. Selbst in Situationen, in denen ich alleine für das Kirchenasyl eingetreten bin, wusste ich mich immer verbunden mit anderen.

Es war dann vielleicht auch kein Zufall, dass ich gerade mit dem gesamten Team der Hochschulgemeinde zusammenstand, als uns nach sieben Monaten die Nachricht

erreichte, dass unsere Gründe für das Kirchenasyl anerkannt worden seien und der junge Äthiopier als besonders
schutzbedürftig eingestuft würde. Uns liefen vor Freude
und Erleichterung gemeinsam die Tränen über die Wan-
gen, als wir uns in die Arme fielen. Kein heroischer Sieg,
sondern ein Augenblick, in dem ich erfahren habe, dass
Hingabe an Menschen und der Glaube an ein gemeinsames Ziel weder in Selbstaufgabe noch in einsamer Selbstüberschätzung zu verwirklichen sind.

Einigen Menschen in meinem Umfeld erging es in den
vergangenen Monaten schon einmal ähnlich wie mir. Im
Fachjargon würde man vielleicht von einer Art Ehrenamts-
burnout sprechen. Es ist diese Mischung aus Selbstüberfor-
derung und Enttäuschungen, überzogenen Erwartungen
und Kämpfertum, die einem den Boden unter den Füßen
wegziehen kann. Ich erinnere mich an Äußerungen von
Ehrenamtlichen, die mehr als 14 Stunden am Tag in Zelten und Notunterkünften zubrachten und sich selbst dabei
fast verloren haben. Sie kamen mir vor wie Hochleistungssportler in der Flüchtlingsarbeit. Sie haben sich selbst überfordert und nicht selten auch die Geflüchteten, denen sie
doch eigentlich helfen wollten. Irgendwann kann das Hel-
fenwollen zu einer Art Droge werden, die letztlich die Ver-
bindung zu anderen Menschen unterbricht. Anderen rau-
ben die Überforderung und der ungeheure Druck, allein für

das Schicksal von Geflüchteten verantwortlich zu sein, den Schlaf.

Schließlich erlebe ich manchmal die Bitterkeit, mit der von Behördengängen oder schriftlichen Auseinandersetzungen mit Institutionen berichtet wird. Das Vokabular in diesen Berichten ist bisweilen geprägt von Kampfbegriffen, von Schilderungen der errungenen Siege oder der erlittenen Niederlagen, von Machtkämpfen und Kapitulationen. Manche einsame Helden sind da unterwegs. Und manche bleiben dabei auf der Strecke.

„Nicht so viel Ich, sondern mehr Wir". Das Besondere an diesen Worten Mohammads ist, dass sie bei mir nicht wie eine fordernde Moralpredigt ankommen, sondern entlastend und verheißungsvoll klingen. Und sie erinnern mich an meine eigene Motivation. Mich hat immer fasziniert, dass Jesus von Nazareth kein Einzelgänger war, sondern mit anderen Menschen unterwegs gewesen ist. Beeindruckt hat mich auch schon immer die Schilderung, er habe seine Jünger nicht allein, sondern zu zweit ausgesandt (Lk 10,1–9). Dieses Wir war für ihn gleichzeitig Ziel und Methode. Vielleicht erlebe ich gerade die Chance, etwas wiederzuentdecken, was durch die reine Individualisierung des Glücks, aber auch des Leids in unserer Gesellschaft aus dem Blick geraten ist.

Am Abend dieses aufwühlenden Tages beschließe ich, den Zeitungsartikel mit der Überschrift „Richterschelte für

Burkhard Hose" abzuheften. Beim Blättern in dem Ordner bleibe ich an einem älteren Bericht hängen, der aus der gleichen Zeitung stammt. Es ist ein Portrait, das meiner Person gewidmet war, als ich mit dem Würzburger Friedenspreis ausgezeichnet wurde. Irgendwie hatte ich den Artikel gar nicht mehr in Erinnerung. Er ist überschrieben mit den Worten, die mich offenbar knapp charakterisieren sollten: „Kein einsamer Rufer"[5]. Wie konnte ich das nur vergessen! Ich bin kein einsamer Rufer. Und ich muss es auch nicht sein!

Ich halte den Artikel in Händen wie ein Versöhnungsangebot mit mir selbst. Und ich denke noch einmal an den Tag zurück – auch an die netten Polizeibeamten, die wirklich erleichtert klangen, als ich mich bei ihnen gemeldet habe. Menschen in Uniform, die ich ganz anders erlebt habe als ihre Kollegen am Bahnhof. Dieses neue Wir ist ziemlich bunt, manchmal auch anstrengend und vielschichtig. In meinem Kopf setzen sich verschiedene Elemente für mich wie Puzzleteile zusammen und ich habe das Gefühl, wieder weitergehen zu können. Ich bin nicht allein unterwegs. Auf dem Weg darf ich auch Fehler machen, genauso wie andere.

Schließlich habe ich an diesem Tag noch etwas Wichtiges für mich entdeckt: Ich versuche mich von der Haltung zu verabschieden, es müsse eine Art Sieg über ausländerfeindliche oder rechtsradikale Gesinnungen errungen werden.

5   Main-Post, 14.07.2014.

Vielleicht braucht es noch mehr Vertrauen, dass sich die Gesellschaft von innen heraus zum Guten verändert, wenn ich gemeinsam mit anderen versuche, das Gute zu tun. Nicht als einsamer Krieger, der in eine Schlacht zieht, sondern als Gruppe, die nicht aufhört, miteinander Brücken zu bauen.

Mag sein, dass der Blick in meinen persönlichen Abgrund wichtig war, um den Weg jetzt verändert weiterzugehen – weniger an Erfolgen fixiert, sondern von den Verheißungen geleitet.

Mich bestärkt der Blick in die biblische Überlieferung. Sie kennt keine Erfolgsprognosen, sie ist nicht berechnend, sondern sie erzählt Geschichten von Menschen, die trotz eigener Fehler und über Hürden hinweg Verheißungen folgen.

Ich beschließe, den alten Artikel als obersten in den Ordner einzuheften – als Erinnerung, vielleicht auch manchmal als wichtige Korrektur, in jedem Fall aber als bestärkende Verheißung, der ich weiter folgen will: nicht als „einsamer Rufer", sondern auf einem gemeinsamen Weg mit anderen.

8

WAS DENKST DU, WAS ICH GLAUBE?

„Weißt du, Burkhard, manchmal glaube ich, du hilfst uns, wieder bessere Muslime zu werden."

Nazirs Worte klingen in diesem Moment fast feierlich, als habe er sie sich vorher genau zurechtgelegt. Zuerst wirkt diese Botschaft, die er mir mit ruhiger Stimme verkündet, beinahe paradox. Habe ich ihn richtig verstanden?

Ich höre die tiefe und wirklich ernst gemeinte Botschaft in Nazirs Worten. Und ich merke ihm an, dass ihm der Satz nicht einfach mal so als Kompliment leicht über die Lippen kommt. Er weiß sehr wohl, was er da sagt. Und – so erzählt er mir später – er hat auch mit anderen darüber gesprochen. Der Satz, der bei mir direkt im Herzen landet, ist offensichtlich fast so etwas wie ein Resümee vorausgegangener Gespräche, die die muslimischen Freunde untereinander geführt haben.

Es ist für mich ein bewegender Augenblick, in dem so viel zusammenfließt, was in den vergangenen Monaten an

Vertrauen zwischen uns gewachsen ist – in unzähligen Gesprächen über das Leben in Syrien, über die traumatischen Erfahrungen auf der Flucht, über das Ankommen hier in Deutschland und eben auch über Religion. Ich erlebe junge Muslime, für die ihr Glaube selbstverständlicher Bestandteil ihres Alltags ist – auch unter den erschwerten Bedingungen der Flucht. Dass mein Blick, wenn ich am Wochenende durch meine Wohnung gehe, auf betende junge Leute fällt, berührt mich nicht mehr peinlich, sondern das ist inzwischen normaler Bestandteil auch meines Lebens. Auch der Muezzin-Ruf, der viele der Geflüchteten fernab der Heimat über eine App auf ihrem Handy erreicht und an die Gebetszeiten erinnert, ist mir inzwischen vertraut. Manchmal stehe ich in einer Notunterkunft oder auch bei uns in der Hochschulgemeinde und der Ruf ist aus unterschiedlichen Richtungen aus den Handys zu hören. Längst ein Teil meiner Normalität. Ich muss über mich selbst schmunzeln, wenn ich Freitagmittag auf die Uhr schaue und in die Runde frage: „Müsst ihr euch nicht langsam auf den Weg machen in die Moschee?"

Wie oft haben wir davon gesprochen, wie viel Halt und Beheimatung Religion gibt. Und natürlich reden wir immer wieder darüber, dass Menschen Religion dazu missbrauchen, um Mitmenschen auszugrenzen. Nicht nur nach den Anschlägen in Paris oder Brüssel ist das ein bestimmendes Gesprächsthema. Unter Muslimen gibt es genauso

Enttäuschungen und Unverständnis über unglaubwürdiges Verhalten von Vertretern der Religion wie im Christentum. Immer wieder erzählt mir Nazir von Episoden aus dem Leben des Propheten Mohammad, in denen es darum geht, glaubwürdig zu leben, was der Islam an Werten beinhaltet. Diese Glaubwürdigkeit steht und fällt mit der Haltung gegenüber den Mitmenschen.

In manchen Gesprächen, gerade zwischen syrischen Geflüchteten, höre ich bittere Enttäuschung über muslimische Länder, die keine Flüchtlinge aufnehmen, obwohl sie finanziell dazu in der Lage wären. Da fällt dann schon mal ein enttäuschter Satz wie: „Ich pfeife auf die Glaubensbrüder, die uns so im Stich lassen!" Und ich pfeife auf ein christliches Europa, das sich gegen Menschen in Not abschottet und in Kauf nimmt, dass im Mittelmeer Tausende ertrinken! Wer seinen Mitmenschen nicht mit Liebe begegnet, dem nimmt man nicht ab, dass seine Religion für Liebe steht. Wer Schutzsuchenden Hilfe verwehrt, gegen andere Menschen Hass verbreitet oder gar Gewalt im Namen der Religion anwendet, kann sich all seine Gebete und sein Fasten sparen.

Frömmigkeitsübungen bleiben leere Hülsen, wenn man – kaum hat man die Moschee oder die Kirche verlassen – nur seinen eigenen Vorteil sucht oder über andere herzieht. Mir kommen diese Themen mehr als bekannt vor. Ich gebe zu, dass ich mich bislang zu wenig mit dem Islam beschäftigt habe, aber ich entdecke auf einem etwas ungewöhnlichen Weg sehr viel Verbindendes. Es ist ungewöhnlich und schon fast kurios, dass die Brücke zwischen unseren Religionen, die wir in unseren Gesprächen beschreiten, über die Frage nach der Glaubwürdigkeit führt. Da kommen wir schnell an den Punkt, an dem wir feststellen: Wir haben im Christentum wie im Islam ein Glaubwürdigkeitsproblem. Lehre und Leben klaffen zu oft auseinander. Manchmal ist es so, dass wir in unseren Gesprächen ohne weiteres die Begriffe Christentum und Islam oder Kirche und Moschee austauschen können und das Gesagte bleibt trotzdem gültig. Wir unterhalten uns immer weniger über die Lehre oder über dogmatische Aussagen, sondern über Ethik. Wie geht das, gut zu leben? Wie gestalte ich mein Leben im Einklang mit mir selbst und mit Respekt gegenüber anderen Menschen? Was sagt der Koran, was sagt die Bibel dazu?

Das klingt vielleicht für den Moment nach allzu viel Harmonie. Natürlich, wir sprechen auch über die dunkle Seite von Religion. Ich weiß, was muslimische und christliche Hassprediger anrichten oder angerichtet haben. Dazu muss man nur einschlägige christlich-fundamentalistische oder entsprechende islamistische Internetportale aufsuchen und man bekommt Hasspredigten frei Haus – unterfüttert mit ausgewählten Zitaten aus der jeweiligen Tradition. Wer sagt, Gewalt habe gar nichts mit Christentum oder Islam zu tun, macht es sich zu einfach. Die bitterste Herausforderung für viele Muslime, die einfach ihren Glauben in Frieden leben wollen, ist der Terror im Namen Gottes. Aber auch das ist uns aus der Kirchengeschichte ja nicht fremd. Unsere Religionen bergen nun einmal die Gefahr in sich, dass Menschen sie dazu missbrauchen, ihren Hass und ihre Menschenverachtung durch eine höhere Macht zu begründen, die man nicht mehr hinterfragen darf. Noch dazu gibt es im Christentum wie im Islam widersprüchliche Texte, die sich einsetzen lassen, um Intoleranz zu propagieren, wenn man diese Texte fundamentalistisch aus ihren historischen Kontexten löst.

Ich wundere mich, wie geschichtsvergessen und arrogant zuweilen von den Verteidigern des „christlichen Abendlandes" über Gleichberechtigung von Mann und Frau, Toleranz gegenüber Homosexuellen und Religionsfreiheit gesprochen wird, als habe es nie etwas anderes in den Kirchen gegeben als Respekt und Toleranz. Als seien das schon immer gelebte Tugenden im vermeintlich christlichen Europa gewesen. Manchmal genügt es, die Zeit wenige Jahrzehnte zurückzudrehen, um solche Darstellungen als falsch zu entlarven.

Oder eben ein kurzer Blick auf ultrakonservative Internetseiten. Dort kann man auch heute genügend „Glaubenskrieger" antreffen. Etwas mehr Demut wäre also angesagt und etwas weniger Herablassung gegenüber Muslimen, die neu nach Deutschland kommen. Es geht doch nicht darum, gewachsene Freiheitsrechte und Werte wie Toleranz und

Gleichberechtigung aufzugeben. Es geht darum, Menschen, die sehr vielfältig in ihrer Religiosität geprägt sind, überhaupt erst mal in ihrer Unterschiedlichkeit wahrzunehmen. Es ist in jedem Fall unredlich, die aufgeklärte und friedliche helle Seite der einen Religion mit der fundamentalistischen und kriegerischen dunklen Seite der anderen Religion zu vergleichen.

Durch Beziehungen und in Gesprächen, die mit Wertschätzung und Geduld geführt werden, wächst der Respekt vor der Unterschiedlichkeit und entwickelt sich gleichzeitig so viel Gemeinsames. Religion wird erst dann gefährlich, wenn sie sich vom normalen Alltag der Menschen verabschiedet und losgelöst von menschlichen Beziehungen praktiziert wird. Das gilt in meinen Augen aber für jede Religion.

„Nostra aetate", für mich eines der wichtigsten – wenn auch kürzesten – Dokumente des Zweiten Vatikanischen Konzils, widmet sich der Frage nach dem Verhältnis der Kirche zu den nicht christlichen Religionen. Aktueller denn je wirkt auf mich die Einleitung der Erklärung, die vor einem halben Jahrhundert verabschiedet wurde: „In unserer Zeit, da sich das Menschengeschlecht von Tag zu Tag enger zusammenschließt und die Beziehungen unter den verschiedenen Völkern sich mehren, erwägt die Kirche mit umso größerer Aufmerksamkeit, in welchem Verhältnis sie zu den nicht christlichen Religionen steht. Gemäß ihrer Aufgabe, Einheit und Liebe unter den Menschen und damit auch unter den Völkern zu fördern, fasst sie vor allem das ins Auge, was den Menschen gemeinsam ist und sie zur Gemeinschaft untereinander führt."

Darum geht es! Religion, die eingebettet ist in Beziehungen unter den Menschen. Ins Auge fassen, was uns gemeinsam ist – das will ich!

Nach einigen Momenten des Nachdenkens schaue ich Nazir an und sage mit ebenso bewusst gewählten Worten wie er: „Weißt du, Nazir, und ihr helft uns, wieder bessere Christen zu werden." Das ist kein Sprachspiel, mit dem ich aus Höflichkeit einfach seine Äußerung umdrehe. Ich meine es genauso ehrlich und ich glaube, ich spreche diesen Satz genauso feierlich wie er. Die Begegnung mit Muslimen fordert mich heraus, mich mit meinem eigenen Glauben neu zu beschäftigen. Ich frage mich viel häufiger als zuvor, was mich eigentlich trägt, was mir wichtig ist oder auch, was mir schwerfällt in meinem Glauben. Das ist eine Frucht unseres Dialogs. Und ich spüre, dass es vielen Muslimen in der Begegnung genauso ergeht.

So stehen hinter meinen Worten auch Erfahrungen und viele Gespräche der letzten Monate. Der Augenblick zum Beispiel, als ich in einem Kloster saß, in dem Ordensfrauen über hundert Flüchtlinge aufgenommen haben. Die Jahre zuvor hatte ich die Gemeinschaft eher so erlebt, dass sie mit ihrem eigenen Sterben beschäftigt schien. Jetzt spreche ich am Kaffeetisch mit den alten Schwestern, die manchmal bis an ihre Grenzen gehen, um den Flüchtlingen eine würdige Bleibe zu bieten. Eine Ordensfrau sagt: „Wir sind manchmal ganz schön überfordert. Aber wenigstens wissen wir jetzt wieder, wozu wir da sind." Die Schwestern kommen auf einmal wieder in Berührung mit ihrer eigentlichen Berufung. Und sie sind nicht die einzigen, denen es so ergeht. Unzählige kirchliche Initiativen stehen Geflüchteten zur Seite – ganz abgesehen von den kirchlichen Wohlfahrtsverbänden.

So viele Menschen in Kirchengemeinden, die auf einmal mit Leben füllen, was doch im Evangelium im Munde Jesu überliefert wird: „Denn ich war hungrig und ihr habt mir zu essen gegeben; ich war durstig und ihr habt mir zu trinken gegeben; ich war fremd und obdachlos und ihr habt mich aufgenommen."[6] Sie tun es einfach und finden etwas wieder, was vielleicht die eigentliche christliche Identität ausmacht.

Das ist das „christliche Abendland", das ich mir wünsche! Es schaut nicht darauf, ob jemand Christ oder Muslim ist, sondern es sieht den Menschen in Not und hilft! Damit leben viele Gemeinden und christliche Gemeinschaften für mich so glaubwürdig wie schon lange nicht mehr das, was mich an Jesus von Nazareth und seiner Botschaft fasziniert: eine entgrenzte und grenzüberschreitende Liebe.

Im Namen des Christentums Grenzen zwischen Völkern und Grenzen gegenüber Notleidenden zu begründen, ist

6   Mt 25,35.

absurd. Wer das christliche Abendland mit neuen Grenzen umgibt und sich gegenüber Notleidenden abschottet, rettet nicht die christliche Identität, sondern pervertiert sie. Denn zur christlichen Identität gehört wesentlich dazu, dass wir als Christen nicht bei uns selber bleiben. Das ist für mich letztlich auch unter einer missionarischen Kirche zu verstehen: Nicht der Anspruch, vermeintlich die einzig wahre Religion zu sein, wird universalisiert, sondern die Liebe. Sie wird über die Grenzen der eigenen Religion und erst recht der eigenen Nation hinaus universal gelebt.

Ich will Nazir und all den anderen genau das sagen: Ihr helft uns, wieder unsere christliche Identität zu entdecken, indem wir euch helfen, hier anzukommen. Im besten Fall werden wir hier vielleicht wirklich wieder ein bisschen christlicher – aber nicht gegen euch, sondern durch euch und mit euch Muslimen gemeinsam. Denn es gibt kein christliches Leben und keine christliche Identität im exklusiven Sinn *gegen* andere Menschen. Es gibt gelebtes Christentum nur inklusiv – immer gemeinsam und im Frieden *mit* anderen Menschen.

Beinahe kommt es mir so vor, als würde die augenblickliche Realität in vielen christlichen Gemeinden die böse Konstruktion eines sich abgrenzenden „christlichen Abendlandes" aus den Angeln heben. Die behauptete und von manchen vielleicht wirklich befürchtete „Islamisierung des Abendlandes" führt möglicherweise sogar zu einer neuen „Christianisierung" der Kirchen, die in vielem so müde geworden sind, so bürokratisch und mit sich selbst beschäftigt.

Eine Begleiterscheinung dieser Wiederentdeckung des Christlichen: Ordensobere schließen sich im Herbst 2015 zusammen und schreiben an den bayerischen Ministerpräsidenten einen Brandbrief, in dem sie die ausgrenzende und ablehnende Haltung und Rhetorik christsozialer Politiker kritisieren – ein prophetischer Aufruf, sich doch in den christlichen Parteien wieder mehr an christlichen Werten zu orientieren.

Immer wieder rufen mich engagierte Christen an, die in ihrer Gemeinde ein Kirchenasyl vorbereiten und die mich nach unseren Erfahrungen fragen. Die Bereitschaft zu dieser Form des zivilen Ungehorsams aus Gewissensgründen ist gestiegen. Für mehr Humanität sind immer mehr Gemeinden sogar dazu bereit, auch mit dem Gesetz in Konflikt zu geraten. Letztlich ist das keine Gefahr für dieses Land, sondern je mehr Menschen tatsächlich wieder nach Werten der Humanität fragen und danach handeln, desto stabiler werden doch unser Zusammenleben und auch unsere Rechtsordnung sein.

Also, lasst uns über Religion reden. Lasst uns darüber reden, wie wir bessere Christen und bessere Muslime sein können! Zuerst aber lasst uns die Menschen wahrnehmen, für die ihre Religion selbstverständlich zum Leben dazugehört, weil sie ihnen Halt gibt. Der Weg der Religion ist immer der Mensch. Eine Religion, die den Menschen aus dem Blick verliert und zum Selbstzweck verkommt, landet unwillkürlich im Fundamentalismus. Und auch darüber müssen wir reden! Stellen wir uns gemeinsam gegen jede Form des religiösen Fundamentalismus!

Am Ende unserer persönlichen „Religionsgespräche" fassen Nazir und ich einen Entschluss: Wir begründen in der Katholischen Hochschulgemeinde einen Gesprächskreis für christliche und muslimische Studierende. Im Mittelpunkt der Gesprächsabende steht erst einmal die Wahrnehmung des anderen und die Frage, mit der wir das Angebot in deutscher und arabischer Sprache auf Plakaten ankündigen: „Was denkst du, was ich glaube?"

Gleich am ersten Abend laden wir die christlichen und muslimischen Studierenden in dem überfüllten Raum dazu ein, über ihr eigenes Bild von der jeweils anderen Religion miteinander ins Gespräch zu kommen. Dann bitten wir sie, in kleinen Gruppen einen Satz oder einen Gedanken zu formulieren, der für sie persönlich wesentlich zur eigenen Religion dazugehört. Die einzige Auflage, die wir machen: Jeder und jede schreibt nur über das, was für ihn oder sie persönlich von Bedeutung ist. Nicht erlaubt sind an diesem Abend abstrakte theologische Definitionen oder rein dogmatische Aussagen ohne Bezug zum eigenen Leben. Ich bin erstaunt und berührt, wie oft ich auf beiden Seiten die Begriffe „Liebe" und „Respekt" lese.

Sehr schnell landen wir natürlich auch in diesem Kreis wieder bei der Frage der Glaubwürdigkeit. Ab und zu kommt es zu Streitgesprächen – aber interessanterweise weniger zwischen den unterschiedlichen Religionen, sondern unter Muslimen bzw. unter christlichen Studierenden, wenn es um das Verständnis der eigenen Religion geht oder um die Enttäuschungen und Erwartungen, die sich mit der eigenen Gemeinschaft verbinden. In diesen Gesprächen spielt das gute Leben mit der Religion immer eine größere Rolle als irgendwelche Lehrsätze. Viel Nachdenkliches ist bereits am ersten Abend zu hören. Und es wächst etwas, was mir Mut macht: so etwas wie die Idee von einer gemeinsamen Ethik, in jedem Fall aber die Entschlossenheit, miteinander in diesem Land in Frieden zu leben. Das braucht Zeit, Vertrauen, viel Verständnis füreinander und vielleicht auch manchen Konflikt, der zu mehr Nachdenklichkeit führt. Es braucht aber vor allem auch eines: eine neue Beschäftigung mit dem, was mich selbst in meiner Religion oder Weltanschauung trägt, und die Bereitschaft, anderen davon zu erzählen, auch wenn sie mich vielleicht nicht gleich verstehen.

Wenn ich dadurch mit dazu beitragen kann, dass Menschen für sich erleben, dass sie bessere Muslime werden, dann finde ich das ein wunderbares Resümee. Für die Christen erhoffe ich mir, dass möglichst viele in diesen Gesprächen und vor allem im Alltag, den sie mit Geflüchteten teilen, das Gleiche erleben: Es ist eine Chance, der eigenen Religion wieder etwas näherzukommen und einen neuen positiven Zugang zu dem zu finden, was christliche Identität ausmacht.

9

BARMHERZIGKEIT IST KLÜGER

Es ist kurz vor Mitternacht. Es fällt mir schwer zurzeit, abends richtig abzuschalten. Auch heute. Zu viel ist an diesem Tag passiert. Ich habe mal wieder auf einer öffentlichen Kundgebung gesprochen. Die Stimmungen, die ich dort aufnehme, lassen mich nicht so schnell los. Sie setzen sich an solchen Abenden in meinem Körper fest wie ein inneres Vibrieren. Ein Gemisch aus Aktionismus und Ohnmacht, das an den Kräften zehrt. So oft bin ich in den letzten Monaten auf der Straße gewesen, um für die Rechte von Geflüchteten zu demonstrieren, für ein neues Miteinander von hier Geborenen und neu Zugewanderten und immer wieder auch gegen fremdenfeindliches Gedankengut.

Aufgewühlt sitze ich bis spät in die Nacht vor Facebook und sehe, dass es vielen anderen, die mit mir verbunden sind, wohl ähnlich geht. Viele grüne Online-Lämpchen leuchten neben den Namen auf. Und ich weiß, dass auch sie oft keinen Schlaf finden, weil ihnen Bilder von zerstörten Städten nachgehen, traurige Geschichten von Menschen, die für sie inzwischen keine anonymen Flüchtlinge mehr sind, sondern Menschen mit Gesichtern, Freunde mit Namen. Dieser Mix aus Ohnmacht, nichts ändern zu können an der großen Politik, aber gleichzeitig von Empörung angetrieben zu agieren, verursacht eine Ruhelosigkeit, die irgendwann auslaugt.

Anstatt abzuschalten, überlasse ich mich also beinahe willenlos einer dieser unsäglichen Talkrunden, die auch heute Abend wieder über den Bildschirm jagen. Ich müsste eigentlich wissen, dass mir das nun wirklich keine Entspannung bringt. Auch dort geht es wieder um Flüchtlinge. Das Übliche: Man tauscht Parolen aus. Fremdenfeindliche Arroganz trifft auf empathische Ohnmacht. Ein Freund sagte neulich zu mir etwas bitter, aber auch mit einem eigenen Sinn für Humor: „Weißt du, mit diesen Fernsehdiskussionen zum Thema Asylpolitik geht es mir manchmal so, wie wenn ich auf der Autobahn an einem Unfall vorbeifahre. Ich will eigentlich nicht hinsehen, ich kann nicht helfen und weiß auch, dass mir das Gaffen nicht guttut. Und dann schaue ich trotzdem wieder hin."

Ich kann nicht abschalten – weder den Fernseher noch die Realität. Erst recht aber nicht in meinem Inneren. Die innere Unruhe wird unfreiwillig dann doch genährt von den lauten Parolen der Flüchtlingsgegner. Wenn ich diese Stimmung auf mich wirken lasse, kommen mir tatsächlich Zweifel: Schaffen wir das alles vielleicht doch nicht?

Aus dem Zustand der erschöpften Unruhe schreckt mich die Klingel an meiner Wohnungstür auf. Jemand steht tatsächlich kurz vor Mitternacht direkt vor meiner Tür. Nicht unten vor der Haustür. Das wäre ein anderer Klingelton und ich würde um diese Zeit auch nicht mehr darauf reagieren. Nein, an meiner Wohnung. Ich öffne die Tür und vor mir sehe ich meine Nachbarin. Sie wohnt seit zwei Jahren in der Wohnung unter mir. Damals hatte ich mich bei der Wohnungsbaugesellschaft darüber beklagt, dass es für Geflüchtete so schwer ist, Wohnungen zu finden. Kurz darauf wurde bei mir im Haus eine Wohnung frei und eine alte Dame aus Äthiopien zog in die Wohnung direkt unter mir ein. Lange lebte sie zuvor in einer Gemeinschaftsunterkunft, bis sie dann meine Nachbarin wurde.

Seitdem hat sich das Leben in unserem kleinen Haus mit seinen vier Mietparteien verändert. Wir alle sind näher zusammengerückt und leben weniger nebeneinanderher. Es gibt so etwas wie eine kleine Hausgemeinschaft unter unserem Dach. Die alte Dame scheint den ganzen Tag zu kochen. Menschen kommen zu ihr zu Besuch – Deutsche und Äthiopier. Sie kocht zu Hause und bei Gemeindefesten in der orthodoxen äthiopischen Gemeinde, die bei uns in der Stadt gegründet wurde. Jeden Sonntag am frühen Morgen verlässt sie festlich mit einem weißen Schleier umhüllt das Haus und geht mit anderen in die Kirche am Rande der Stadt. Alle nennen sie liebevoll Mama.

Das erste Mal bin ich ihr begegnet, als sie im Sommer 2012 in der Katholischen Hochschulgemeinde auftauchte mit Töpfen voller Essen. Sie hatte davon gehört, dass wir einen jungen Äthiopier im Kirchenasyl aufgenommen hatten. Und während ich von Kirchenoberen damals noch die Frage gestellt bekam, ob es sich bei dem jungen Mann wenigstens um einen Christ handelte, kam sie einfach an und brachte äthiopisches Essen.

Für sie spielte es selbstverständlich keine Rolle, dass Ebrahim Muslim war. Wer in Not ist, braucht Hilfe und Liebe und vor allem etwas Ordentliches zu essen. Die Töpfe waren bis an den Rand gefüllt mit äthiopischen Köstlichkeiten – mit essbarer Liebe für einen Jungen, der seit Jahren nichts anderes kannte, als sich verstecken zu müssen, immer gejagt zu werden und dabei seine gesamte Familie verloren zu haben.

Jetzt steht sie vor mir, mitten in der Nacht an meiner Wohnungstür. Aber diesmal nicht mit Essen in den Händen, sondern selbst hilflos und voller Angst. Sie fühlt sich schlecht, zittert am ganzen Körper und macht sich Sorgen um ihre Gesundheit. In gebrochenem Deutsch schildert sie mir, was ihr fehlt.

Ich fühle mich für einen Moment überfordert, auch kraftlos, um einen klugen Plan zu haben, wie ihr jetzt am besten zu helfen ist. Ich war den ganzen Tag auf Achse und jetzt – zur Schlafenszeit – passiert so etwas!

Die nächsten Stunden verbringe ich in der Notaufnahme neben der Liege, auf der meine Nachbarin ruht und jetzt eine Infusion bekommt. Inzwischen ist es 1 Uhr nachts und ich freunde mich mit dem Gedanken an, die nächsten zwei Stunden einfach hier zu sitzen. Viele Worte werden jetzt nicht mehr gewechselt, ab und zu dreht die alte Dame den Kopf in meine Richtung, schaut mich an und lächelt beruhigt. Und ich spüre ausgerechnet in dieser Situation eine innere Ruhe, die ich lange nicht so erlebt habe.

Mir öffnet sich in diesen zwei Stunden der Blick auf Gedanken und Gewissheiten, die durch meinen eigenen Aktionismus, aber auch durch mein Ohnmachtsgefühl fast unzugänglich geworden sind. Jenseits großer politischer Diskussionen und öffentlicher Kundgebungen erlebe ich hier, dass es Sinn macht, sich auf einen konkreten Menschen einzulassen. Ich erfahre, dass Vertrauen und Beziehung die tragenden Säulen dessen sind, was manche noch Integration nennen, ich aber längst mit anderen Worten beschreibe.

Ich spüre vielmehr etwas davon, wie schön es ist, in guter Nachbarschaft zu leben, selbst wenn man sich noch nicht richtig mit Worten verständigen kann. Vor allem aber wird mir wieder klar, dass es manchmal einfach dran ist zu handeln, dem Herzen zu folgen und zu helfen, anstatt tausend Bedenken und Zweifel abzuwägen, den vermeintlichen Verstand einzuschalten und die Verantwortung von sich persönlich abzuschieben auf irgendwelche Institutionen, Behörden oder Regierungen.

Ja, Empathie und Mitgefühl können wirklich klüger sein als kühle Berechnung und ängstliche Bedenken. Vielleicht liegt genau darin auch diese Rastlosigkeit, die mich seit Monaten umtreibt, wenn wir darüber diskutieren, ob Angela Merkel recht hatte, als sie im Sommer 2015 sagte: „Wir schaffen das."

Seitdem ereignet sich fast so etwas wie ein kurzatmiger Wettlauf zwischen denen, die um jeden Preis und mit unglaublicher Kraftanstrengung bis hin zur Selbstaufgabe wie Hochleistungssportler beweisen wollen, dass wir es schaffen, und denen, die alles daransetzen, die Kanzlerin Lügen zu strafen.

In Situationen, die schlicht von Mitmenschlichkeit und von konkreten Begegnungen geprägt sind, zählt aber etwas ganz anderes. Es geht gar nicht mehr darum, ob wir das schaffen, ob etwas machbar ist, sondern es geht darum, dass es Sinn macht zu helfen. Ich weiß nicht, ob wir es von unseren ökonomischen Kapazitäten her hinbekommen. Ich will auch nicht länger damit argumentieren, dass es doch vor dem Hintergrund des demographischen Wandels und auch aus wirtschaftlichen Gründen notwendig ist, dass wir in Deutschland mehr Menschen aufnehmen. Das ist die Logik der Berechnung. Ich vertraue der Kraft einer anderen Logik.

Der barmherzige Samariter zum Beispiel: Er schaut hin und lässt sich von der Not eines konkreten Menschen im Innersten berühren. Er sucht nicht nach Ausflüchten, er geht dem Leid nicht aus dem Weg, sondern er tut, was dran ist, weil es voller Sinn ist. Dabei ist er nicht kopflos. In diesem Gleichnis ist schließlich auch davon die Rede, dass er den Verwundeten, der unter die Räuber gefallen war, einem Herbergsbesitzer anvertraut und den sogar dafür bezahlt, dass dieser für ihn sorgt. Aber entscheidend ist zunächst der Moment, in dem er sich entschließt, persönlich zu helfen.

Mir gehen trotz Erschöpfung in dieser Nacht die Augen auf und ich bin hellwach. Am liebsten würde ich zum Telefon greifen, Frau Merkel anrufen – vorausgesetzt, ich hätte ihre Nummer – und ihr nur sagen: „Guten Morgen, Frau Bundeskanzlerin. Ich weiß, es ist 2 Uhr in der Nacht, aber ich muss Ihnen etwas Wichtiges sagen: Wir haben keine Garantie dafür, dass wir es schaffen, aber ich weiß, dass es Sinn macht, Menschen auf der Flucht zu helfen. Und wenn wir das tun, was voller Sinn ist, dann haben wir auch die Kraft, es zu schaffen. Ich weiß auch, dass Ihnen das Gleichnis vom barmherzigen Samariter bekannt ist. Sie sind ja schließlich Pfarrerstochter. Ich möchte Sie an den letzten Satz erinnern, den Jesus den Gesetzeslehrern mit auf den Weg gibt: ‚Dann geh und handle genauso!' Ich will Ihnen sagen, dass viele Menschen in diesem Land dazu bereit sind."

Lange habe ich mich im Gleichnis vom barmherzigen Samariter an dem Begriff der Barmherzigkeit gestört. Das klang mir zu veraltet, auch zu herablassend. Ich kann nichts anfangen mit diesem Verständnis von christlicher Nächstenliebe, die von oben herab hilft, ohne dass sich dabei der Helfende selbst irgendwie verändert und auch ohne dass sich die Verhältnisse verändern, die doch so häufig für das Leid von Menschen verantwortlich sind. Das habe ich früher mit „Barmherzigkeit" verbunden. Ich hatte dabei immer irgendwelche betulichen Christen vor Augen, die Suppe an Arme ausgeben, aber nicht danach fragen, warum die Armen arm sind. Damit nehmen sie den Menschen noch einmal ihre Würde durch die Art, wie sie helfen.

Inzwischen habe ich entdeckt, dass der Begriff der Barmherzigkeit in seiner ursprünglichen Bedeutung ganz anders zu verstehen ist – gerade im Kontext des Gleichnisses im Lukasevangelium. Hier verbindet sich mit der Barmherzigkeit die Frage nach der Glaubwürdigkeit.

Der Priester und der Levit, die „Religionsvertreter", verlieren durch ihr Wegsehen und durch ihr Nicht-Helfen ihre Glaubwürdigkeit. Der Samariter, dem der Makel anhaftet, nicht einmal ein richtig gläubiger Mensch zu sein, und der noch dazu nach damaliger Bewertung einem fremden Volk angehört, handelt vorbildlich, indem er die Augen nicht verschließt vor dem Leid und indem er anpackt und hilft.

Damit ist die Barmherzigkeit biblisch alles andere als harm-los. Sie ist als Begriff einerseits hochpolitisch und sie ist andererseits ganz eng verbunden mit der Frage der Glaub-würdigkeit. Wer barmherzig handelt, verhält sich automa-tisch auch politisch, mischt sich ein und stellt die gesell-schaftlichen und auch die religiösen Institutionen durch sein Handeln auf den Prüfstand.

Papst Franziskus, der seit Beginn seines Pontifikats im-mer wieder die Stimme für Geflüchtete erhebt, hat genau dieses Samariter-Gleichnis als biblischen Impuls an den Beginn des Heiligen Jahres der Barmherzigkeit gesetzt. Er schreibt mit eindringlichen Worten: „Verfallen wir nicht in die Gleichgültigkeit, die erniedrigt, in die Gewohnheit, die das Gemüt betäubt und die verhindert, etwas Neues zu ent-decken, in den Zynismus, der zerstört. Öffnen wir unsere Augen, um das Elend dieser Welt zu sehen, die Wunden so vieler Brüder und Schwestern, die ihrer Würde beraubt sind. Fühlen wir uns herausgefordert, ihren Hilfeschrei zu hören. Unsere Hände mögen ihre Hände erfassen und sie an uns heranziehen, damit sie die Wärme unserer Ge-genwart, unserer Freundschaft und unserer Brüderlichkeit verspüren. Möge ihr Schrei zu dem unsrigen werden und mögen wir gemeinsam die Barriere der Gleichgültigkeit ab-tragen ...“[7]

7 Misericordiae vultus, Verkündigungsbulle des außerordentlichen Jahres der Barmherzigkeit, Art. 15.

Die Logik der Barmherzigkeit befreit von dem Druck, wir müssten es um jeden Preis schaffen, um sozusagen Recht zu behalten. Die Barmherzigkeit ist klüger, sie ist nicht rechthaberisch wie die Berechnung. Sie bemisst sich nicht am machbaren Erfolg, sondern am Sinn. Wer barmherzig handelt, der tut nicht nur so viel, wie gerade machbar erscheint, sondern er tut das, was Sinn macht!

Vielleicht läge darin auch etwas Wichtiges, was wir in unserer Gesellschaft wieder neu entdecken könnten – mit Hilfe der Menschen, die als Geflüchtete zu uns kommen: Eine Gesellschaft ist stärker und wird klüger, wenn sie mitfühlend ist und nicht nur ökonomischen Zwängen und der Logik des wirtschaftlichen Nutzens folgt.

Und mit einem Mal entsteht vor meinem inneren Auge so etwas wie ein Bild von einem „neuen Wir", dem ich mich schon länger über konkrete Erlebnisse und Erfahrungen anzunähern versuche. Die alte Beispielerzählung vom barmherzigen Samariter wird mir dabei wie zu einem narrativen Geländer und erscheint mir unglaublich aktuell.

Zunächst beschreibt die Geschichte, was ich für mich so auch immer wieder entdecke: Ein neues Wir entsteht dort, wo Menschen „Wir" sagen und damit nicht eine Volkszugehörigkeit, eine Nationalität oder eine Religion meinen. Es ist ein Wir aus in Deutschland Geborenen und aus Geflüchteten oder Zugewanderten. Es ist ein Wir von Menschen unterschiedlicher Religion und Nationalität, die einen Blick füreinander haben und die gemeinsam in Frieden leben wollen. Dieses Wir-Gefühl bestimmt sich darüber, dass sich Menschen gegenseitig als Menschen wahrnehmen und dabei nicht auf Herkunft oder Religion schauen. Zu diesem Wir gehören auf gleicher Ebene diejenigen, die in Not sind und Hilfe brauchen, wie auch diejenigen, die sich von der Not anderer Menschen im Innersten erschüttern und berühren lassen, die Empathie zeigen, nicht wegschauen, sondern schlicht helfen, weil es dran ist.

Dieses Wir definiert sich darüber, dass aus Fremden Nächste werden. Das gelingt in der biblischen Erzählung zwischen dem fremden Samariter und dem Mann, der unter die Räuber gefallen ist. Es funktioniert in dem Dorf, in dem der Einheimische sich mit der benachbarten Flüchtlingsfamilie soweit vertraut gemacht hat, dass sie nicht mehr Fremde, sondern Nächste für ihn sind.

Ein Wir-Gefühl auch zwischen Ehrenamtlichen und Behördenmitarbeitern wird wachsen, wenn man sich gegenseitig als Menschen wahrnimmt und sich darauf konzentriert, das Gemeinsame zu suchen. Das neue Wir kann selbst zwischen Menschen entstehen, die noch Angst vor Flüchtlingen haben, und den Geflüchteten – sofern man sich auf das Wagnis einlässt, sich wirklich füreinander zu interessieren und den eigenen Erfahrungen mehr zu vertrauen als vorgefertigten Meinungen, Vorurteilen oder Klischees.

Ein neues Wir wächst dort, wo Humanität und Empathie als etwas Wertvolles anerkannt werden und Vorrang haben vor der Verteidigung des Wohlstands und der damit verbundenen Abschottung gegenüber Notleidenden. Die Beispielerzählung vom barmherzigen Samariter gibt auch hier einen wichtigen Hinweis: Auch im Evangelium ist von Geld die Rede. Es wird dort von Kosten gesprochen, die entstehen, wenn man sich von der Empathie leiten lässt und hilft. Der Samariter kalkuliert bei der Ankunft in der Herberge die Kosten für die Hilfeleistung. Aber er begrenzt den finanziellen Aufwand nicht von vornherein, sondern er spricht davon, dass er mehr zu zahlen bereit ist, wenn die notwendige Hilfe einen größeren finanziellen Aufwand erfordern sollte.

Die Geschichte ist nicht weltfremd, aber sie gibt andere Maßstäbe vor. Sie orientiert sich nicht ausschließlich an den Grenzen des Machbaren, sondern an der Notwendigkeit der Hilfeleistung. Für ein neues Wir braucht es nach meiner Überzeugung tatsächlich auch eine Umorientierung in der Logik der politisch Verantwortlichen. Statt der inzwischen gängigen Formel „Wir müssen zuerst deutsche Interessen vertreten und unseren Wohlstand sichern" braucht es eine Politik, die eine internationale Perspektive einnimmt und nationale Politik betreibt, die von vornherein die Verantwortung für Benachteiligte in und außerhalb Deutschlands als leitendes Prinzip anerkennt. Das neue Wir verlangt deshalb

einen Abschied von jeder Form des nationalen Wohlstandsegoismus und eine Absage an die Wachstumsideologie. Damit rückt auch das Thema Umverteilung als Option politischen Handelns mit in den Blick. Die Ökonomie hat in
dieser Gesellschaftsordnung dem Menschen zu dienen und
nicht umgekehrt.

Wenn meine Nachbarin wüsste, was mir in diesen Stunden,
die ich da schweigend neben ihr saß, durch den Sinn gegangen ist. Aber vielleicht spürt sie es auch irgendwie, so wie
sie mich zwischendurch immer wieder anschaut – irgendwie wissend, als könnte sie meine Gedanken lesen. Mir
kommt es schließlich ein bisschen so vor, als hätte nicht nur
sie eine Infusion erhalten, sondern ich auch. Ich fühle mich
ruhig und bestärkt und auch sicherer, als wir beide, die Arme
eingehakt, am frühen Morgen die Klinik verlassen. Wir verabschieden uns, als wir zu Hause ankommen, vor ihrer Wohnungstür im Treppenhaus.

Sie sagt nur mit einem Lächeln und – wie sie es immer
tut – mit zusammengefalteten Händen und einer leichten
Verneigung „Danke". Ich übernehme intuitiv ihre Geste,
falte die Hände wie zu einem Gebet, verneige mich zu ihr
und antworte: „Danke" – aus ganzem Herzen!

EPiLOG

Warum glaube ich eigentlich daran, dass dieses gemeinsame Leben von Menschen, die hier geboren sind, und Menschen, die als Flüchtlinge nach Deutschland kommen, gelingen kann? Woher kommt die Kraft – trotz so vieler Widerstände –, für dieses neue Wir einzutreten? Vielleicht liegt es daran, dass ich mich irgendwann bewusst entschieden habe, mich auf konkrete Menschen einzulassen und meinen Erfahrungen, die ich auf diesem Weg gemacht habe, zu trauen. Vielleicht ist der Grund auch, weil aus anonymen „Flüchtlingen" irgendwann Freunde wurden und ich mir inzwischen viel schwerer vorstellen kann, ohne meine neuen Freunde zu leben als mit ihnen. Wer sich mit Menschen vertraut macht, der fragt irgendwann nicht mehr, *ob* wir es schaffen, sondern sucht nach Wegen, *wie* wir es schaffen, gut miteinander zu leben.

Aber es gibt auch noch andere Gründe. Immer wieder erlebe ich Augenblicke der Unterbrechung in meinem Leben.

Momente, die ich nicht geplant habe und die sich erst recht nicht herbeiführen ließen. Ich bin im Lauf der Monate immer sensibler geworden für diese Erfahrungen, die mir das Leben schenkt und die mich in einen weiteren und helleren Horizont blicken lassen.

Ich werde nie vergessen, wie ich als Kind mit meinen Eltern und mit meinen Geschwistern Jahr für Jahr auf der Nordseeinsel Spiekeroog in den Ferien war. Wer das Inselwetter an der Nordsee kennt, weiß, wie schnell sich dort das Wetter auch mal ändern kann. Mein Vater hatte es sich zur Gewohnheit gemacht, auch an trüben und regnerischen Tagen mit der Familie über die Insel zu ziehen – immer wieder unterbrochen von einem kurzen Blick zum Himmel, einer deutenden Geste und einem Satz, der irgendwann zum Kultsatz wurde: „Seht ihr, es wird schon heller." Nicht immer haben wir auf diesen Spruch begeistert reagiert, denn ab und zu war da gar nichts zu sehen von Helligkeit. Aber irgendwann haben wir angefangen, diesen Satz selber zu zitieren.

Heute ist er für mich zu einer Art Lebensprogramm geworden, nicht nur auf der Insel, sondern in vielen Situationen, in denen ich selbst oder Menschen um mich herum nur das Dunkle sehen wollen. Und immer häufiger verbindet sich dieser Satz mit Erfahrungen, die Dunkelheiten unterbrechen. Dabei verbindet er sich mit meiner Überzeugung, dass ich vielleicht gerade als Christ in diesen Zeiten den Auftrag habe, Licht zu sehen und daran zu glauben, dass das Licht stärker ist als die Dunkelheit.

An einem Tag im November 2015 kam alles zusammen: Der Satz meines Vaters, ein Lied, Bilder und die tiefe Überzeugung, dass es sich lohnt, diesen Weg weiterzugehen. Es war ein düsterer Morgen, als ich nach den verheerenden Anschlägen von Paris früh erwachte. Wenig Schlaf hatte ich zuvor gefunden. Ich war erschüttert über mich selbst, weil ich mir kaum erlaubte, betroffen zu sein über den gewaltsamen Tod so vieler Menschen. Es ratterte sofort in meinem Hirn: Diese Gewalt wird wiederum Hass und Ablehnung hier bei uns gegenüber den Menschen in Gang setzen, die doch vor genau diesem Terror geflohen sind.

Und so geschah es – nach Paris, nach Köln, nach Brüssel: In sich ständig wiederholenden Schleifen werden Bilder in den Köpfen und Herzen von Menschen verankert, die Angst machen, die Misstrauen erzeugen, die über das tatsächlich Geschehene hinaus die Gesellschaft spalten. Eines scheint inzwischen klar zu sein: Es gibt Menschen, die diese Bilder durch bewusst gesetzte Akte des Terrors produzieren, und es gibt solche, die aus diesen Bildern politischen Profit herausschlagen. Sie ziehen letztlich mit der gleichen Botschaft und mit den gleichen Bildern durch die Welt und auch durch dieses Land. Sie wollen uns glauben machen, ein Zusammenleben sei nicht möglich.

Ich weiß nicht mehr, wie es genau kam, aber an diesem trüben Morgen im November hatte ich irgendwann die Melodie von John Lennons Kultsong „Imagine" im Kopf. 1971, also vor genau 45 Jahren, erschien dieser Song, der eine Welt ohne Grenzen, in Frieden, ohne Himmel und Hölle ausmalt.

Am Abend spielten Musiker zum Auftakt einer Lichterkette, die eigentlich Solidarität mit Geflüchteten bekunden sollte, genau diesen Song von John Lennon. Eine Kette aus Lichtern und Menschen zog sich über die Alte Mainbrücke in Würzburg. Auch viele Geflüchtete waren unter den Teilnehmern – auch Freunde aus Syrien, mit denen ich am Abend zuvor zusammengesessen hatte, als uns die Nachrichten aus Paris erreichten.

Es war eine zunächst seltsam beklommene Atmosphäre auf der Alten Mainbrücke. Bis die jungen Syrer dann auf einmal mit ihren Kerzen in der Hand zu singen begannen, der Kreis sich immer wieder erweiterte und sich Deutsche einreihten.

Es war ein kraftvolles Singen. Die jungen Leute, die aus zerstörten Städten kommen, deren Familien jeden Tag furchtbare Anschläge und Bombardements erleben, sangen sich wie aus Protest gegen das Leid zurück ins Leben. Später standen wir mehrere Stunden auf der Brücke – Geflüchtete und Deutsche, mit Kerzen in den Händen haben wir zusammen gesungen – und es wurden unzählige Bilder mit Handys gemacht. Zum Trotz, um gerade an diesem Tag der gegenseitigen Verdächtigung, der Gewaltbilder und der Mutlosigkeit Bilder festzuhalten, die trotzig das Gemeinsame betonten: Wir stehen friedlich zusammen mit Kerzen in den Händen – Menschen, die hier geboren sind und Geflüchtete – Menschen verschiedener Religionen und Weltanschauungen – Menschen, die nur eines wollen: miteinander in Frieden leben. Wir sehen Licht im Dunkel.

Zum Jahreswechsel 2015/2016 wurde mir diese Situation noch einmal in Erinnerung gerufen und beinahe zu einer Art Ikone geadelt. Die Würzburger „Main-Post" hatte einige Profifotografen gebeten, drei ihrer eigenen Lieblingsaufnahmen des Jahres 2015 zu präsentieren: Einer der Fotografen zeigte eine Aufnahme von jenem Abend auf der Alten Mainbrücke. Er hatte einen unserer syrischen Studenten fotografiert, der gerade mit seinem Handy ein Foto von uns mit Kerzen in den Händen aufgenommen hatte – ein Foto von Menschen, die ein Bild von einem intensiven Augenblick für sich festhalten. Imagine!

Ich glaube an die heilende Kraft der Bilder. Mehr noch, ich glaube daran, dass eine tiefe Wahrheit in dem steckt, was Pablo Picasso einmal mit den Worten ausgedrückt hat: „Everything you can imagine is real." Die Bilder in uns – gerade die Bilder, die sich immer und immer wieder in uns entfalten – sie haben die Kraft, Wirklichkeit zu werden.

Wir brauchen diese Momente des optimistischen und hellen Trotzdem in unserem Leben, um nicht der Logik der Dunkelheit zu verfallen. Hier haben Menschen gesungen, die noch etwas erwarten. Ihre Antwort auf Terror und Gewalt ist nicht Abschottung und gegenseitige Verdächtigung, sondern ein Mehr an Gemeinsamkeit. Viele Nachrichten von Geflüchteten, die ich per E-Mail, auf Facebook oder WhatsApp erhalte, enden seit jenem Abend mit dem Ausruf „Together!" – „Gemeinsam!"

Und immer wieder summt jemand in meiner Nähe den alten Kultsong „Imagine", wenn es besonders schwer wird. So auch in den dunklen Tagen nach den furchtbaren Gewalttaten in einem Zug bei uns in Würzburg und dem Selbstmordattentat im nahen Ansbach im Juli 2016. Wieder rollte die Welle von Verdächtigungen heran, von populistischem Getöse gegen Geflüchtete. Dazwischen ängstliche Nachrichten und Gespräche mit Menschen, die sich von Neuem gezwungen sahen, sich für Taten anderer zu entschuldigen, die sie selbst fassungslos machten. Aber in mir kein Augenblick des Zweifels. Vielmehr das Bedürfnis, noch stärker zusammenzuhalten mit Menschen, die mir über viele Monate ans Herz gewachsen sind und die längst zu meinem Wir dazugehören.

Und dann höre ich tatsächlich neben mir bei einer öffentlichen Kundgebung Assef, der versonnen vor sich hinsingt: „Imagine." Das ist nicht weltfremd, sondern voller Erwartung und Hoffnung, in der eine Kraft zur Veränderung liegt.

Manchmal denke ich mir: Wir brauchen nicht noch mehr sogenannte Realisten, sondern mehr Visionäre, um diese Welt zu gestalten! Es braucht mehr Menschen, die mitten im Dunkeln ein Licht in der Hand halten, anstatt Schwarzmaler, die die Dunkelheit suchen. Es braucht noch mehr Menschen, die gemeinsam alte und neue Lieder voller Verheißungen anstimmen und in die Nacht hineinsingen: „Wir schaffen das, weil wir es wollen!"

Trotz aller Probleme, die es gibt, und trotz aller Momente der Dunkelheit sehe ich immer mehr Chancen und mehr Licht: Ein Leben von hier Geborenen und hierher Geflüchteten in Gemeinschaft ist nicht nur ein Traum, sondern für mich ist es erlebte und gelebte Wirklichkeit. Die Vorstellung von einem neuen Wir ist nicht nur eine kraftvolle Utopie, sondern für mich inzwischen eine reale Erfahrung, der ich bisweilen mehr zutraue als nüchterner Berechnung. Und ich teile diese Erfahrung und dieses Vertrauen mit vielen anderen, die mir auf diesem Weg zu Freundinnen und Freunden geworden sind.

> *You may say I'm a dreamer*
> *But I'm not the only one.*
> John Lennon, Imagine

DANK

Ich danke Mohammad Harba, der mir am Zelteingang im Sommer 2015 die Augen dafür geöffnet hat, dass Menschen auf der Flucht nicht nur Hilfe brauchen, sondern Begabungen mitbringen, die ein Reichtum für die Gesellschaft sind. Mit ihm, mit Rawad Zamrik und mit Qusai Alnesr verbinden mich viele wertvolle Begegnungen und Gespräche und eine bleibende Freundschaft.

Auch meinen Freunden Nazir Miari und Obaida Allababidi danke ich für das Vertrauen, das sie aufgebracht haben, als sie für etliche Monate mit mir und meinem Hund meine Wohnung und damit ihr Leben geteilt haben. Wir haben vieles mit Humor miteinander getragen, wir haben gelacht und auch geweint. Schließlich standen wir gemeinsam auf der Alten Mainbrücke in Würzburg mit Kerzen in den Händen. Die Aufnahme des Fotografen Daniel Peter, die dabei entstanden ist und dieses Buch abschließt, ist für mich weit mehr geworden als eine schöne Erinnerung.

Mohammad Assef Mustafa habe ich neben vielem anderen zu verdanken, dass ich durch ihn Gedichte und Gesänge kennengelernt habe, die ein Teil meiner Kultur geworden sind. Dazu zählt auch das wunderbare Gedicht von Mahmud Darwisch, das diesem Buch vorangestellt ist. Mein Lehrer in der Sprache des Herzens, Yaman Nashed, wird immer einen Platz in meinem Herzen haben.

Zusammen mit Menschen, die aus unterschiedlichen Ländern seit Jahren in Würzburg ein zweites Zuhause gefunden haben, sind mir vor allem die Studierenden des studienvorbereitenden Programms zur Integration von Flüchtlingen (SPIF) an der Universität Würzburg ans Herz gewachsen.

Flüchtlinge habe ich erwartet. Menschen sind gekommen. Freunde sind geblieben.

In diesem Buch ist aber nicht nur von Menschen die Rede, die auf der Flucht nach Deutschland gekommen sind und so neu in mein Leben traten. Ich verdanke den vergangenen Monaten und Jahren auch die Begegnung mit wunderbaren Menschen, die mir beigebracht haben, wie das geht, hinschauen, sich berühren lassen und tun, was dran ist: Eva Peteler, Gabi Krämer, Carolin Förg und viele Studierende, die mutig, mit Herz und Verstand Menschen das Ankommen in Deutschland erleichtern.

Jonas Hermes, der in mir nicht nur John Lennons Kultsong „Imagine" unvergesslich zum Klingen gebracht hat, sondern den ich zu jeder Tages- und Nachtzeit anrufen kann, wenn ich einen freundschaftlichen Rat brauche.

Ordensleute, die unbürokratisch die Türen ihrer Klöster geöffnet und für mich das Evangelium neu erlebbar gemacht haben.

Die Projektkoordinatorin des SPIF-Programms, Franziska Werbe, und die Sprachlehrerinnen sind für mich ein Beispiel für so viele Menschen in der professionellen Arbeit mit Geflüchteten – ob auf Behörden, in Schulen und Hochschulen, in Krankenhäusern und Arztpraxen, die in ihrem Job weit mehr tun als Dienst nach Vorschrift.

Dass für mich diese Erfahrungen möglich wurden, habe ich vor allem auch meinen Kolleginnen und Kollegen in der Katholischen Hochschulgemeinde zu verdanken. Es ist ein Geschenk, in diesem Team arbeiten zu dürfen.

Ich danke meinen Eltern und Geschwistern, die ich immer in meiner Nähe weiß, wenn es darauf ankommt, und die nicht nur für viele unserer neuen Freunde gedeckte Tische und offene Herzen bereithalten, sondern mich auch aufmerksam darin begleitet haben, meine persönlichen Erfahrungen in diesem Buch zu teilen.

Dass es dieses Buch gibt, ist letztlich der Ermutigung durch Stefan Weigand zu verdanken, der auch für die ansprechende Covergestaltung Verantwortung trägt.

Dorothea Bühler vom adeo Verlag hat es als Lektorin schließlich verstanden, mich durch ihre Rückmeldungen immer wieder so weit zu motivieren, dass ich gerne auf manche Stunde Schlaf verzichtet habe, um nachzudenken und zu schreiben.

© Stefan Weigand

Burkhard Hose

geboren 1967, ist Geistlicher und seit 2008 Studenten-
pfarrer der Katholischen Hochschulgemeinde in Würzburg.
Seit Jahren setzt er sich konsequent für Geflüchtete, Asylbewerber und Randgruppen ein. Er ist davon überzeugt,
dass Nächstenliebe und Zivilcourage einen Unterschied
machen. Für sein Engagement wurde er u. a. mit dem Würzburger Friedenspreis ausgezeichnet.

Der Verlag weist ausdrücklich darauf hin, dass im Text
enthaltene externe Links vom Verlag nur bis zum Zeitpunkt
der Buchveröffentlichung eingesehen werden konnten.
Auf spätere Veränderungen hat der Verlag keinerlei Einfluss.
Eine Haftung des Verlags ist daher ausgeschlossen.

Copyright © 2016 adeo Verlag
in der Gerth Medien GmbH, Dillerberg 1, 35614 Asslar

1. Auflage 2016
Bestell-Nr. 835124
ISBN 978-3-86334-124-4

Umschlaggestaltung: Stefan Weigand
Covermotiv oben: © Stefan Weigand
Covermotiv unten: © Patty Varasano
Fotografie Klappe hinten: © Daniel Peter
Innengestaltung: Maike Michel
Satz: Uhl + Massopust, Aalen
Druck und Verarbeitung: CPI books, Leck
Printed in Germany

www.adeo-verlag.de